© ZS Verlag GmbH
München
1. Auflage 2015
ISBN 978-3-89883-496-4

Grafische Gestaltung	Irene Schulz, Claudia Hautkappe
Fotografie	siehe Bildnachweis (Seite 169)
Rezepte	Michael Koch
Redaktion	Martina Solter, Katinka Holupirek
Herstellung & Lithografie	Jan Russok, Peter Karg-Cordes
Druck & Bindung	Mohn Media Mohndruck GmbH, Gütersloh

 Beim Druck dieses Buchs wurde durch den innovativen Einsatz der Kraft-Wärme-Kopplung im Vergleich zum herkömmlichen Energieeinsatz bis zu 52 % weniger CO2 emittiert.

Besuchen Sie uns auch im Internet unter www.zsverlag.de und auf Facebook unter www.facebook.com/zsverlag

ECHT
BRATEN

Über 100 kreative Rezepte von Michael Koch

INHALT

7_VORWORT

8_DAS WICHTIGSTE VORAB

10_Die acht häufigsten Fragen
12_Die Fleischstücke
16_Kaufen, lagern, garen
18_Gut ausgerüstet
20_Das gewisse Etwas
22_Tipps & Tricks

26_RIND & KALB

54_SCHWEIN

78_LAMM & ZICKLEIN

92_WILD

114_GEFLÜGEL

140_BEILAGEN

166_Register
169_Bildnachweis

Meine Braten

Was blieb mir bei diesem Nachnamen schon anderes übrig, als Koch zu werden? Spaß beiseite. Das Kochen wurde mir gewissermaßen in die Wiege gelegt, denn meine Eltern führten ein Restaurant, in dem ich schon als Schüler begeistert mithalf. Nach der Ausbildung konnte ich in einigen erstklassigen Häusern – unter anderem dem Mandarin Oriental in München – Berufserfahrung sammeln. Zum Foodstyling kam ich dann rein zufällig und entdeckte dabei, dass das genau meine Welt ist. Bei meiner Arbeit als Foodstylist im innovativsten deutschen Food-Fotostudio bin ich am Puls der Zeit und kann so alle Trends im Koch- und Ernährungssektor hautnah miterleben.

Omas Sonntagsbraten und die Gans zu Weihnachten, das ruft bei mir Kindheitserinnerungen hervor, die ich heute noch gerne aufwärme, nicht nur um eine große Runde glücklich zu machen. Braten sind echte Muße, denn ich plane dafür einfach entsprechend Zeit ein und genieße es dann, dass weder Hektik noch Stress beim Kochen aufkommen.

In diesem Buch finden Sie neben vielen nützlichen Infos rund um Braten Step-by-Step-Basisrezepte und natürlich eine reiche Auswahl an unterschiedlichsten Gerichten für große und kleine Anlässe. Geschmort oder gebraten, mit oder ohne Knochen, vom einfachen Rollbraten bis hin zum rosa Roastbeef – von Rind über Schwein, Lamm und Geflügel bis Wild: Meine Rezepte sind für Einsteiger und Profis gleichermaßen geeignet und lassen Sie in der „Großen Welt der Braten" heimisch werden.

Liebe Leserinnen und Leser, ich wünsche Ihnen mit diesem Buch viel Freude und Erfolg beim Braten. Lassen Sie es sich einfach richtig gut schmecken!

DAS WICHTIGSTE VORAB

1 Fleischeinkauf – aber wo?

Da gibt es viele Möglichkeiten: von Hofladen, Bioladen, Metzgerei bis hin zur Fleischabteilung im Supermarkt bzw. zur Kühltheke beim Discounter. Das ist letzten Endes Ihre ganz persönliche Entscheidung – und wie viel Sie bereit sind, für gutes Fleisch auszugeben. Unser Credo: Lieber selten einen Braten, dann aber aus richtig gutem Fleisch!

2 Welches Stück wozu?

Je nach Zubereitungsart sind bestimmte Fleischstücke prädestiniert. Entsprechende Angaben finden Sie in der Zutatenliste der Rezepte oder Sie lassen sich fachkundig beim Fleischeinkauf beraten.

3 Wie lagert man Fleisch?

Selbstverständlich im Kühlschrank (idealerweise im 0 °C-Fach) und am besten nur über Nacht. Ausnahme: Vakuumverpacktes oder unter Schutzatmosphäre abgepacktes Fleisch kann bis zum Mindesthaltbarkeitsdatum gelagert werden.

4 Braten oder schmoren?

Edle, kurzfaserige Fleischstücke (z.B. Roastbeef) sind so zart, dass man sie im Ganzen kurz und rosa brät. Ein knuspriger Schweinebraten wird ebenfalls offen gebraten. Wer aber Wert auf weiches Fleisch und viel gute Sauce legt, greift zu den durchwachsenen, langfaserigen und bindegewebsreichen Teilstücken und schmort sie in reichlich Flüssigkeit im geschlossenen Topf auf dem Herd bzw. zugedeckt im Backofen.

5 Wirklich weich?

Geübte prüfen das gegarte Fleisch mit Fingerdruck oder verlassen sich auf ihr Gefühl. Gehen Sie lieber auf Nummer sicher und testen Sie mit einem Bratenthermometer die Kerntemperatur – und böse Überraschungen sind kein Thema!

6 Warum darf der Braten ruhen?

Er darf nicht nur, er muss sogar! Schneidet man ihn direkt nach dem Garen an, dann „blutet er aus" und verliert seinen feinen Fleischsaft und damit auch Geschmack. Unter einer Haube aus Alufolie kann sich das Fleisch entspannen, der Fleischsaft verteilt sich gleichmäßig im Braten und die Verluste beim Anschneiden bleiben überschaubar!

7 Und das Saucengeheimnis?

Mitgebratenes Röstgemüse, erlesene Gewürze, feine Kräuter, ein (selbst gemachter) Fond und unter Umständen Wein oder Bier sind die Garanten für feinste Saucen.

8 Kalter Braten = alter Braten?

Von wegen! Sollte tatsächlich etwas vom leckeren Braten übrig bleiben, lässt er sich einfrieren oder aber in Scheiben geschnitten zu feinsten Sandwiches und Sülzen verwandeln.

RIND, KALB, SCHWEIN

Die beliebtesten Stücke zum Braten und Schmoren hier auf einen Blick

Damit Sie in der Fleischtheke die im Rezeptteil verwendeten Fleischstücke auch auf Anhieb erkennen können

1_RINDERSCHULTER Das bindegewebsreiche, langfaserige Fleisch ist preiswert und wird beim Schmoren schön weich

2_ MITTELBUG Ein Teil der Schulter, der zum Braten und Schmoren geeignet ist

3_ROASTBEEF Das große Rückenstück wird (auch mit Fettschicht) meist rosa gebraten

4_KALBSRÜCKEN ist sehr mager, schmeckt daher am besten rosa auf den Punkt gebraten

5_KALBSHAXE lässt sich im Ganzen braten oder in Scheiben geschnitten schmoren

6_SCHWEINESCHULTER mit Fettschicht ist ideal für einen Schweinebraten mit Kruste

7_SCHWEINEHALS ist gut durchwachsen und im Ganzen deshalb zum Schmoren geeignet

8_SCHWEINSHAXE wird gebraten und zum Schluss ganz knusprig gegrillt

9_SCHWEINEBAUCH kann man füllen und anschließend zu einem Rollbraten binden

LAMM, WILD, GEFLÜGEL

Was sonst noch Rang und Namen hat und gerne im Bräter landet

Feines Federvieh, Haarwild und Lämmer von der Weide bereichern nicht nur den Sonntagstisch

1_**LAMMKARREE** ist der ganze Lammrücken mit den zartesten Fleischstücken und wird deshalb gebraten

2_**LAMMKEULE** mit und ohne Knochen hat etwas kompakteres Fleisch, das gebraten und geschmort werden kann

3_**HIRSCHRÜCKEN** Das beste Stück vom Hirsch verdient besondere Aufmerksamkeit

4_**REHKEULE** gelingt am besten im Ganzen am Knochen gebraten oder in weinseliger Sauce geschmort

5_**KANINCHEN** ist sehr mager; man kann es im Ganzen, zerlegt oder nur den Rücken zubereiten

6_**HÄHNCHEN** Ideal für 4 Personen und unwahrscheinlich vielseitig in der Zubereitung

7_**ENTE** Die Unterhautfettschicht schmilzt beim Braten und macht die Haut so kross

8_**PUTENKEULE** Sehr fleischig; kann wie Gänsekeulen gebraten und geschmort werden

9_**GANS** Sie ist – wie auch der Truthahn – für den großen Festtagsbraten prädestiniert

KAUFEN, LAGERN, GAREN

Worauf es beim Einkauf von Bratenfleisch ankommt, wie man es zu Hause lagert und am besten zubereitet

1. EINKAUF UND LAGERUNG

Fleischkauf ist Vertrauenssache. Deshalb ist es heute wichtiger denn je, beim Fleischkauf mehr auf Klasse als auf Masse zu setzen. Und der wachsende Erfolg von Bioqualität sowie die steigende Nachfrage nach hochwertigem Fleisch traditioneller Tierrassen zeigt, dass immer mehr Verbraucher bereit sind, für gutes Fleisch auch einen angemessenen Preis zu zahlen. Ein guter Metzger weiß, wo das Fleisch herkommt, und kann den Kunden auch in Rezeptfragen und bei besonderen Wünschen bestens beraten. Er weiß, für welches Gericht das Fleisch abgehangen sein muss und welches Stück sich für welche Zubereitungsart eignet. Immer mehr Metzger bieten auch Fleisch in Bioqualität sowie aus der Region an.

Frisches, beim Metzger gekauftes Fleisch lässt sich – so wie es verpackt ist – etwa 2 Tage im Kühlschrank aufbewahren. Wer über ein 0 °C-Fach verfügt, lagert das Fleisch idealerweise dort. Selbstverständlich kann man das Fleisch auch zu Hause auspacken und in einer fest schließenden Kunststoffbox oder auf einem Porzellanteller mit Frischhaltefolie bedeckt im Kühlschrank lagern. Bereits portioniertes Fleisch aus dem Supermarkt ist unter Schutzatmosphäre abgepackt und deutlich länger haltbar. Wie lange, darüber gibt das Mindesthaltbarkeitsdatum (MHD) auf dem Etikett Auskunft. Vor der Zubereitung wird das Fleisch trocken getupft, Fleisch mit Knochen sollte man kurz kalt abspülen, um etwaige Splitter und Knochenreste zu entfernen. Tiefgefrorenes Fleisch sollte möglichst schonend über Nacht im Kühlschrank aufgetaut werden.

> *Beim Einkauf gut beraten*

> *Sachgerechte Aufbewahrung zu Hause*

2. ZUBEREITUNGSMETHODEN UND -ZEITEN

Rindfleisch wird vor allem wegen seines kräftigen Geschmacks und seines kernigen Bisses geliebt. Für Schmorbraten eignet sich Fleisch aus Hüfte und Keule besonders gut: Oberschale, Unterschale, Blume und Nuss. Die bindegewebsreichen und durchwachsenen Stücke wie z.B. Schulter (Bug) sind preiswerter, aber nicht weniger schmackhaft, denn sie zergehen nach dem langsamen Schmoren förmlich auf der Zunge und ergeben nebenbei eine besonders gute Sauce. Große Rückenstücke wie Roastbeef oder hohe Rippe kann man auch ohne schützenden Topfdeckel braten. Aus der Kalbskeule schneidet man schöne Stücke für große Braten, die fetteren Haxen werden im Ganzen knusprig gebraten oder wie beim Ossobuco in dicken Scheiben geschmort. Wer an einem herzhaften Braten vor allem die knusprige Kruste liebt, greift am besten zu Schweinefleisch, denn Schweineschulter, -bauch, Haxen oder Kotelettbraten besitzen eine üppige Fettschicht, die das darunterliegende Fleisch unter der krossen Kruste saftig hält.

> Beim Braten wird das Fleisch knusprig

> Beim Schmoren gart es in reichlich Flüssigkeit

Durchschnittliche Garzeiten

FLEISCHSTÜCK	AUF DEM HERD/IM BACKOFEN
Rinderbraten	2 bis 3 h
Sauerbraten	2 h
Rinderfilet	45 min
Roastbeef	3 h
Kalbshaxe	4 h 30 min
Gefüllte Kalbsbrust	2 h
Kalbsbraten	2 h
Schweinebraten	2 h
Schweinshaxe	3 h 30 min
Spanferkel	1 bis 2 h
Lammkeule	2 h
Hirschrücken	1 h
Rehkeule	2 h
Wildschweinbraten	2 h 30 min
Kaninchen	1 h 30 min
Hase	1 h 30 min
Hähnchen	1 h 30 min
Kleiner Truthahn	3 h 30 min
Ente	2 h 30 min
Gans	3 bis 4 h

GUT AUSGERÜSTET

Wer will guten Braten machen, der muss haben mehrere Sachen ...

Für feine Braten und leckere Saucen kommt man um gewisse Küchenutensilien nicht herum. Hier das Wichtigste im Überblick:

1_BRÄTER, Bratreinen und ofenfeste Formen bzw. ein tiefes Backblech

2_SCHMORTOPF mit passendem Deckel für das Schmoren auf dem Herd

3_RÖMERTOPF garantiert gesunden Genuss ganz ohne Anbrennen

4_BRATENTHERMOMETER für die exakte Bestimmung der Kerntemperatur und den Gargrad des Fleisches

5_SIEBE sind zum Abseihen oder Durchpassieren der Sauce unerlässlich

6_KÜCHENGARN zum Fixieren bzw. Binden von Rollbraten und zum Zunähen

7_SCHNEIDBRETT mit Saftrille aus Holz oder Kunststoff

8_GEFLÜGELSCHERE, Fleischgabel und Tranchiermesser zum Aufschneiden, Portionieren und Zerlegen

9_FETTTRENNKANNE mit tief angesetzter Tülle trennt elegant und einfach Sauce und das oben schwimmende Fett

DAS GEWISSE ETWAS

Das Fleisch allein macht noch keinen guten Braten. Es sind das angeröstete Gemüse, die Kräuter und Gewürze und auch der Wein, die daraus eine runde Sache machen: saftiges Fleisch mit leckerer Sauce

1. GEMÜSE UND KRÄUTER

Außer vielleicht beim Roastbeef, einem mageren Kalbsrücken, bei dem es ausschließlich um rosa gegartes Fleisch geht, oder bei einem Grillhähnchen spielt Suppengrün oder Röstgemüse bei Braten eine tragende Rolle, bestimmt es doch neben dem Fleischsaft und den zugefügten Gewürzen maßgeblich den Geschmack der Sauce. Das Suppengrün kann regional und saisonal sehr unterschiedlich zusammengesetzt sein. In der Regel besteht es aus Möhren, Knollensellerie, Lauch und Petersilie, kann aber auch Staudensellerie und Petersilienwurzel enthalten. Das Suppengrün wird geschält bzw. gewaschen und in Stücke geschnitten. Gemeinsam mit Zwiebeln (Küchenzwiebeln, Gemüse- oder Frühlingszwiebeln), Schalotten und/oder Knoblauch wird es vorab oder zusammen mit dem Fleisch im Bräter in Fett angebraten. Dabei entstehen die so wichtigen Röstaromen, die für eine gute Sauce einfach unabdingbar sind. Brät man zusätzlich etwas Tomatenmark mit (es wird dabei braun) und löscht das Ganze mit Wasser, Brühe, Fond und/oder Wein ab, dann erhält die Sauce den begehrten Farbton und einen vollen Geschmack. Beim Garen bzw. Schmoren zerfällt das Gemüse und bindet damit ganz natürlich die Sauce. Je nach Wunsch kann das Gemüse samt Flüssigkeit durchpassiert oder weggeworfen werden. Neben Gemüse kommen in vielen (Schmor-)Bratenrezepten Kräuter zum Zug. Petersilie ist der Allrounder für einen runden Geschmack, mit den mediterranen Kräutern wie Rosmarin, Salbei und Thymian hingegen kann man beim Fleisch wie auch bei der Sauce doch sehr intensive Akzente setzen.

> *Suppengrün*

> *Zwiebeln, Knoblauch & Co.*

2. GEWÜRZE, KRÄUTER UND AROMEN

Neben der „Grundwürze" aus Salz und Pfeffer gibt es für jeden Braten eine Handvoll Gewürze, die ihn so typisch machen. An den Sauer- bzw. Rinderschmorbraten gehören neben Wacholderbeeren auch Lorbeerblätter und Senfkörner. Eine Würzmischung für Wildgerichte enthält in der Regel Piment, schwarze Pfefferkörner und Thymian. Zum Hähnchen passen Paprikapulver und ein Hauch Currypulver, weil damit auch die Haut eine besonders schöne Farbe und einen unnachahmlichen Geschmack bekommt. Ente und Gans steht Majoran und Beifuß (auch wegen der besseren Verdaulichkeit) besonders gut. Kümmel ist beim Schweinebraten Pflicht, am Knoblauch scheiden sich dagegen die Geister ... Die meisten der genannten Gewürze garen längere Zeit mit dem Fleisch mit. Anders die frisch abgeriebene Bio-Zitronenschale. Sie hat ein unvergleichlich intensives Aroma, das speziell in Kombination mit Knoblauch und Petersilie Kalbfleisch, aber auch Schweinefleisch bzw. Hähnchen und Pute einen herrlich mediterranen Touch verleiht.

> Wacholderbeeren   > Zitronenschale

3. WEIN UND BIER

Kochen mit Wein hat eine lange Tradition, vor allem bei Schmorgerichten wie Rinderschmorbraten und Böfflamott, ursprünglich Bœuf à la mode genannt. Im Regelfall wird dunkles Fleisch wie Rind, Lamm oder Wild in Rotwein gegart, helles Hähnchen-, Puten- oder Kaninchenfleisch dagegen in Weißwein. Der zum Kochen verwendete Wein sollte von guter Qualität sein, dann bringt er auch feine Säure und Farbe (zumindest beim Rotwein) ins Spiel. Der Alkohol spielt letzten Endes keine große Rolle mehr, denn er ist längst beim Garen verdampft. Gelegentlich werden auch kleinere Mengen Süßwein oder Likör verwendet, diese kommen in erster Linie wegen ihres Aromas und Zuckergehalts zum Einsatz. Aber auch mit Bier wird gerne gekocht: Für die unterschiedlichsten Schweinebraten nimmt man helles Bier, Weißbier, dunkles oder Schwarzbier zum Ablöschen des Fleisches, was deren Sauce eine ganz typische herb-würzge Note verleiht.

TIPPS & TRICKS

So bleibt Wild beim Braten schön saftig, gart ganzes Geflügel gleichmäßig im Backofen und wird ein Rollbraten perfekt in Form gebracht – hier finden Sie die wichtigsten Handgriffe

WILD PARIEREN UND BARDIEREN

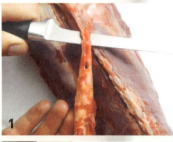

1 Von Reh-, Hirsch- oder Hasenrücken zuerst die locker auf dem Rücken sitzenden Häute lösen. Dies gelingt durch einen entsprechenden Längsschnitt und entsprechenden Zug.

2 Nachdem man die beiden Rückenfilets durch einen Messerschnitt etwas vom Rückgratknochen gelöst hat, kann man die fest auf dem Fleisch sitzenden Sehnen von Hand bzw. mit Hilfe eines Messers abziehen.

3 Falls das Fleisch nicht am Knochen gebraten werden soll, kann man jetzt mit einem Ausbeinmesser die beiden Rückenfilets auslösen.

4 Nachdem man z.B. den Rehrücken gewürzt hat, kann man ihn mit Speckscheiben – entweder grüner oder durchdurchwachsener Speck – umwickeln und locker mit Küchengarn verschnüren. Bardiert wird, damit das magere Fleisch beim Braten nicht austrocknet.

»Der Kluge isst den Braten sofort und das Brot später.«

Sprichwort

GEFLÜGEL IN FORM BINDEN

1. Das Geflügel auf den Rücken legen. Den Bürzel abschneiden und die Keulen mit Küchengarn zusammenbinden.

2. Das Küchengarn kreuzen und auf beiden Seiten über die Flügel nach hinten führen.

3. Das Geflügel wenden und das Garn um die Flügel wickeln. Das Geflügel nochmals wenden und das Küchengarn oben zusammenbinden.

ROLLBRATEN FÜLLEN, AUFROLLEN UND BINDEN

1. Die Füllung auf dem großen, flachen Fleischstück verteilen und das Fleisch von der langen Seite her fest aufrollen. Ein langes Stück Küchengarn abschneiden.

2. Ein Ende vom Küchengarn um den Braten schlingen und oben verknoten.

3. Das Küchengarn in gleichmäßgen Abständen (etwa 1½ bis 2 cm) um das Fleisch schlingen, dabei jeweils auf der Oberseite unter der Schlinge durchfädeln.

DUNKLEN BRATENFOND HERSTELLEN

1. Etwa 1,5 kg Knochen (z.B. Kalbsknochen) in einem Bräter oder auf einem tiefen Backblech im Backofen auf der mittleren Schiene bei 220 °C (Umluft) 45 Minuten bräunen. Das ausgetretene Fett entfernen.

2. 1 Bund Suppengrün (bestehend aus Möhren, Knollensellerie und Lauch) putzen und schälen bzw. waschen und in kleine Stücke schneiden. Wer mag, fügt noch 1 Knoblauchzehe und 1 Petersilienwurzel hinzu.

3. Das Gemüse in einem Topf in 1 EL anbraten, 1 EL Tomatenmark unterrühren und kurz anrösten. Die gebräunten Knochen hinzufügen und mit 350 ml Rotwein ablöschen. Knapp 2 l Brühe angießen, bis alles gut bedeckt ist und bei schwacher Hitze knapp 2 Stunden köcheln lassen.

4. Kurz vor Ende der Garzeit Kräuter wie Thymian oder Rosmarin, evtl. auch 1 Streifen Zitronenschale und 1 Scheibe Ingwer im Fond ziehen lassen.

5. Den Fond durch ein feines, mit einem Mulltuch ausgelegtes Sieb in einen Topf gießen. Anschließend je nach Verwendung einkochen und abschmecken (als Sauce) oder zum Aufgießen verwenden.

»Jeder Braten ist nur so gut wie seine Sauce«

Küchenweisheit

SAUCEN BINDEN

1 Den durch ein feines Sieb gegossenen und evtl. etwas eingekochten Bratenfond kann man z.B. mit kalter Butter, die man stückchenweise mit dem Schneebesen unterrührt, binden. Dabei darf die Sauce nicht mehr kochen. Etwas heller wird die Sauce, wenn man stattdessen Sahne dazugibt und einkochen lässt.

2 Eine Sauce kann auch mit Speisestärke gebunden werden. Dafür die Stärke mit wenig kaltem Wasser anrühren. Unter Rühren zur kochenden Sauce geben und kochen lassen, bis die Sauce dick wird. Alternativ kann man je nach Sauce auch hellen oder dunklen Saucenbinder verwenden, der einfach eingerührt werden kann.

ENTE ODER GANS TRANCHIEREN

1 Mit der Fleischgabel eine Entenkeule fixieren und etwas vom Körper wegziehen. Mit dem Tranchiermesser die Vertiefung zwischen Körper und Keule einschneiden. Dabei die Keule stetig nach außen drehen, bis sich das Kugelgelenk herausdreht. Die Keule abtrennen.

2 Die Fleischgabel dann seitlich in die untere Karkasse einstechen und mit dem Messer entlang des mittig liegenden Brustbeins schneiden. Dann entlang des am Hals liegenden Gabelbeins bis zum Flügel einschneiden.

3 Nun mit der Gabel in das Brustfleisch stechen und das Fleisch mit dem Messer vorsichtig vom Brustknochen ablösen. Zum Schluss das Kugelgelenk des Flügels durchtrennen und die Brust vollends ablösen.

RIND & KALB

Rinderbraten in Barolo
mit cremiger Polenta

ZUTATEN FÜR 4 PERSONEN

Für den Braten
1,2 kg Rindfleisch (z.B. Schulter oder Keule)
650 ml Barolo (oder ein anderer kräftiger Rotwein)
1 Zwiebel
1 Knoblauchzehe
1 Möhre
2 Stangen Staudensellerie
1 Lorbeerblatt
1 TL schwarze Pfefferkörner
40 g durchwachsener Räucherspeck
2 EL Öl
Salz · Pfeffer aus der Mühle
1–2 EL Speisestärke

Für die Polenta
5 frische Salbeiblätter
½ l Fleischbrühe
½ l Milch
200 g Polenta (Maisgrieß)
50 g Butter
Salz
frisch geriebene Muskatnuss

ZUBEREITUNG // ⏱ 1 h // 🍳 3 h // 💧 24 h

1. Für den Braten das Rindfleisch in einer Schüssel mit dem Wein übergießen. Die Zwiebel, den Knoblauch und die Möhre schälen, den Sellerie putzen und waschen. Das Gemüse in grobe Stücke schneiden, mit Lorbeerblatt und Pfefferkörnern zum Fleisch geben und zugedeckt im Kühlschrank 24 Stunden ziehen lassen. Das Fleisch zwei- bis dreimal wenden.

2. Das Fleisch aus der Marinade nehmen und trocken tupfen. Die Marinade samt Gemüse in einem Topf aufkochen und bei starker Hitze etwa 25 Minuten auf die Hälfte einkochen lassen.

3. Den Speck in kleine Würfel schneiden. Das Öl in einem Schmortopf erhitzen und den Speck kurz darin anbraten. Das Fleisch mit Salz und Pfeffer würzen, dazugeben und rundum anbraten. Die einreduzierte Marinade durch ein Sieb dazugießen und den Braten zugedeckt bei schwacher Hitze etwa 3 Stunden weich schmoren, dabei zweimal wenden.

4. Für die Polenta etwa 15 Minuten vor Garzeitende die Salbeiblätter waschen, trocken tupfen und in feine Streifen schneiden. In einem hohen Topf die Brühe mit der Milch zum Kochen bringen und die Polenta langsam unter ständigem Rühren einrieseln lassen. Die Polenta zugedeckt bei schwacher Hitze 5 bis 8 Minuten ausquellen lassen.

5. Die Butter in einer Pfanne zerlassen und den Salbei darin kurz anbraten. Den Salbei samt Bratfett unter die Polenta rühren, mit Salz und Muskatnuss abschmecken und zugedeckt warm halten.

6. Den Braten herausnehmen und zugedeckt 10 Minuten ruhen lassen. Die Stärke mit wenig kaltem Wasser glatt rühren und die köchelnde Schmorbratensauce damit binden. Die Sauce mit Salz und Pfeffer abschmecken.

7. Das Fleisch quer zur Faser in Scheiben schneiden, kurz in der Sauce ziehen lassen und mit der Polenta und der Sauce auf Tellern anrichten. Nach Belieben mit frittierten Salbeiblättern garniert servieren.

Rinderschmorbraten
mit Gemüse

ZUBEREITUNG // 25 min // 3 h 35 min

1. Den Backofen auf 160 °C vorheizen. Die Kartoffeln gründlich waschen und in Stücke schneiden. Die Zwiebeln schälen, die Möhren und Pastinaken putzen und schälen. Alles in grobe Stücke schneiden. Die Tomaten waschen, vierteln und in Stücke schneiden, dabei die Stielansätze entfernen. Den Oregano waschen und trocken schütteln.

2. Das Fleisch mit Küchengarn in Form binden (siehe S. 23), mit Salz und Pfeffer würzen und in einem Bräter im Butterschmalz rundum anbraten. Herausnehmen.

3. Die Kartoffeln, die Zwiebeln, die Möhren und die Pastinaken mit dem Tomatenmark im Bratfett anbraten. Mit dem Wein ablöschen und vollständig einkochen lassen. Die Brühe, das Lorbeerblatt und die Tomaten hinzufügen. Das Fleisch mit dem Oregano darauflegen und zugedeckt im Ofen 3 bis 3 ½ Stunden schmoren. Das Fleisch zwischendurch wenden und nach Bedarf Brühe nachgießen.

4. Den Rinderschmorbraten aus dem Ofen nehmen, das Küchengarn entfernen und die Sauce abschmecken.

ZUTATEN FÜR 4 PERSONEN

500 g neue Kartoffeln
2 Zwiebeln
4 Möhren
2 Pastinaken
4 Tomaten
3–4 Stiele Oregano
1,2 kg Rindfleisch (z. B. aus der Schulter)
Salz · Pfeffer aus der Mühle
2 EL Butterschmalz
1 EL Tomatenmark
150 ml Rotwein
ca. 1 l Fleischbrühe
1 Lorbeerblatt

ZUTATEN FÜR 4 PERSONEN

4 Möhren · 2 Pastinaken
2 Zwiebeln · 4 Tomaten
1,2 kg Rinderbraten (z. B. Schulter)
Salz · Pfeffer aus der Mühle
2 EL Butterschmalz
1 EL Tomatenmark
150 ml Rotwein
ca. 1 l Fleischbrühe
1 Lorbeerblatt
180 g schwarze Oliven (entsteint)
2 EL Cognac · 2 Knoblauchzehen
1 TL Honig · 2–3 EL Olivenöl
1 EL gehackter Oregano
2 EL gehackter Rosmarin
¼ TL abgeriebene
Bio-Zitronenschale
Zitronensaft

Rinderbraten
mit Olivenkruste

ZUBEREITUNG // 🕐 35 min // 🍳 3 h 45 min

1. Den Backofen auf 160 °C vorheizen. Möhren und Pastinaken putzen und schälen, die Zwiebeln schälen und alles in grobe Stücke schneiden. Die Tomaten waschen und klein schneiden, dabei die Stielansätze entfernen. Das Fleisch mit Salz und Pfeffer würzen und in einem Bräter im heißen Butterschmalz anbraten. Herausnehmen.

2. Das Gemüse mit dem Tomatenmark im Bratfett anbraten. Mit dem Wein ablöschen und vollständig einkochen lassen. Brühe, Lorbeerblatt und Tomaten hinzufügen und das Fleisch dazugeben. Zugedeckt im Ofen 3 bis 3½ Stunden schmoren, das Fleisch dabei wenden und bei Bedarf Brühe nachgießen.

3. Oliven, Cognac, geschälten Knoblauch, Honig und Olivenöl im Küchenmixer fein pürieren. Kräuter und Zitronenschale untermischen und mit Salz, Pfeffer und 1 Spritzer Zitronensaft abschmecken.

4. Das Fleisch herausnehmen, die Sauce durch ein feines Sieb passieren und abschmecken. Den Braten mit der Olivenpaste bestreichen und weitere 10 Minuten garen.

Rosa Roastbeef
mit mariniertem Gemüse

ZUTATEN FÜR 4 PERSONEN

- 1 kg Roastbeef
- Meersalz
- Pfeffer aus der Mühle
- 4 EL Olivenöl
- 1 EL mittelscharfer Senf
- 2 Bund Basilikum
- 6 Schalotten
- 2 Möhren
- 1 rote Paprikaschote
- 1 gelbe Paprikaschote
- ½ Bund Frühlingszwiebeln
- 12 Cocktailtomaten
- 200 ml Gemüsebrühe
- Salz
- Kräuteressig zum Abschmecken
- 1 EL gehackte Petersilie

ZUBEREITUNG // 30 min // 3 h 5 min

1. Den Backofen auf 90 °C vorheizen. Ein Ofengitter auf die mittlere Schiene und darunter ein Abtropfblech schieben. Das Roastbeef kräftig mit Meersalz und Pfeffer würzen und in 2 EL Olivenöl rundum scharf anbraten. Das Fleisch herausnehmen, etwas abkühlen lassen, dünn mit Senf bestreichen und nochmals pfeffern.

2. Das Basilikum waschen, trocken schütteln und die Blätter abzupfen. Auf einen großen Bogen Alufolie geben, das Roastbeef darauflegen und auf dem Gitter im Ofen 2 ½ bis 3 Stunden rosa garen.

3. Für das Gemüse die Schalotten schälen und vierteln. Die Möhren schälen und längs halbieren. Die Hälften schräg in 1 cm dicke Scheiben schneiden. Die Paprikaschoten längs halbieren, putzen, waschen und die Hälften in Rauten schneiden. Die Frühlingszwiebeln putzen, waschen und in 1 cm breite Ringe schneiden. Die Tomaten waschen.

4. Die Schalotten im restlichen Olivenöl 2 bis 3 Minuten andünsten. Die Möhrenscheiben und die Paprikarauten dazugeben und weitere 3 Minuten dünsten. Mit der Brühe ablöschen und zugedeckt bei mittlerer Hitze garen. Wenn die Möhren fast gar sind, die Cocktailtomaten und die Frühlingszwiebeln dazugeben. Das Gemüse mit Salz und Pfeffer würzen und zugedeckt nochmals 1 bis 2 Minuten bei mittlerer Hitze dünsten. Vom Herd nehmen und offen stehen lassen.

5. Das Gemüse mit Essig abschmecken und die Petersilie untermischen. Das Roastbeef herausnehmen und in 2 cm dicke Scheiben schneiden. Nochmals mit Meersalz und Pfeffer würzen und mit dem lauwarmen Gemüse servieren.

TIPP *Dazu passt eine Trüffelremoulade, bestehend aus 100 g Mayonnaise, 80 g Naturjoghurt, 50 g Crème fraîche, 1 TL Trüffelöl, 1 EL gehacktem Sommertrüffel (aus dem Glas) und 2 EL gehackter Petersilie. Mit Salz, Pfeffer und Cayennepfeffer abschmecken.*

Rheinischer Sauerbraten
mit Rosinen

ZUTATEN FÜR 4 PERSONEN

1 Bund Suppengrün (klein geschnitten)
⅛ l Weinessig · ⅛ l Rotwein
1 Lorbeerblatt · 3 Gewürznelken
8 schwarze Pfefferkörner
4 Wacholderbeeren · Zucker
1 kg Rindfleisch (vom dicken Bug)
Salz · Pfeffer aus der Mühle
3 EL Butterschmalz
1–2 Sauerbraten-Printen (ersatzweise Saucenlebkuchen)
1 EL Apfelkraut (süßer Brotaufstrich; aus dem Reformhaus)
100 g Rosinen (oder Korinthen)

ZUBEREITUNG // 🕐 30 min // 🍳 2 h 35 min // 💧 2–4 d

1. Das Suppengrün mit Essig, Wein, 1 l Wasser, Lorbeerblatt, Nelken, Pfefferkörnern, Wacholderbeeren und 1 Prise Zucker aufkochen. Die Marinade lauwarm abkühlen lassen und über das Fleisch gießen. Das Fleisch 2 bis 4 Tage in der Marinade im Kühlschrank ziehen lassen, dabei gelegentlich wenden.

2. Das Fleisch herausnehmen, trocken tupfen und mit Salz und Pfeffer würzen. Die Marinade durch ein Sieb gießen. Das Fleisch in einem Schmortopf im heißen Butterschmalz rundum anbraten. Das Gemüse aus der Marinade hinzufügen und kurz mitbraten. Mit etwa der Hälfte der Marinade ablöschen. Die Printen zerbröseln und hinzufügen. Den Sauerbraten zugedeckt bei schwacher bis mittlerer Hitze 2 bis 2½ Stunden garen.

3. Den Sauerbraten herausnehmen und warm halten. Die Sauce durch ein Sieb passieren, das Apfelkraut und die Rosinen unterrühren. Die Sauce kurz aufkochen und mit Salz und Pfeffer abschmecken. Das Fleisch aufschneiden und mit der Sauce und Kartoffelklößen servieren.

Böfflamott
mit Speck

ZUTATEN FÜR 4 PERSONEN

2 Zwiebeln · 2 Möhren
150 g Knollensellerie
1,2 kg Rindfleisch (z. B. aus der Schulter)
Salz · Pfeffer aus der Mühle
2 EL Öl · 1 EL Tomatenmark
ca. 400 ml Rotwein
200 g durchwachsener Räucherspeck (am Stück)
1 l Fleischbrühe
1 Lorbeerblatt
je 1 TL Wacholderbeeren, Pfefferkörner und Thymian
50 ml Rotweinessig
1 EL Zucker
2 EL Butter

ZUBEREITUNG // 35 min // 3 h 35 min

1. Den Backofen auf 160 °C vorheizen. Zwiebeln, Möhren und Sellerie schälen und in Würfel schneiden. Das Fleisch mit Salz und Pfeffer würzen, in einem Bräter im Öl rundum anbraten, herausnehmen und das Gemüse im Bräter goldbraun anbraten.

2. Das Tomatenmark unterrühren, kurz mitrösten, mit dem Wein ablöschen und fast einkochen lassen. Das Fleisch und den Speck hineinlegen und die Brühe angießen. Das Fleisch zugedeckt im Ofen etwa 3 ½ Stunden schmoren. Währenddessen das Fleisch etwa alle 30 Minuten wenden und nach etwa 2 Stunden Gewürze und Kräuter zur Sauce geben.

3. Essig und Zucker sirupartig einkochen lassen. Fleisch und Speck aus der Sauce nehmen und warm halten. Die Sauce durch ein feines Sieb passieren, den Essigsirup unterrühren und noch ein wenig einköcheln lassen. Die Butter unterrühren und die Sauce mit Salz und Pfeffer abschmecken. Fleisch und Speck in Scheiben schneiden und mit der Sauce übergießen. Mit knackig gegartem Gemüse servieren.

Rinderbraten
mit orientalischer Füllung

ZUTATEN FÜR 4 PERSONEN

Für den Rinderbraten
3 Zwiebeln
100 g kleine Champignons
100 g getrocknete Feigen
2 EL Olivenöl · 50 g Pinienkerne
Salz · Pfeffer aus der Mühle
2 EL gemahlene orientalische Gewürze (Kardamom, Knoblauch, Koriander, Kreuzkümmel, Nelken, Paprika (rosenscharf), Zimt)
2 Möhren · 150 g Knollensellerie
1 kg Rindfleisch (z. B. Bug oder Keule; vom Metzger als Rollbraten zuschneiden lassen)
2 TL Senf · 2 Lorbeerblätter
2 Gewürznelken
150 ml Rotwein · 100 g Sahne
100 g Crème fraîche

Für das Gemüse
4 große Möhren
100 g Zuckerschoten
1 EL Olivenöl
Salz · Pfeffer aus der Mühle
2 frische Feigen

ZUBEREITUNG // 35 min // 2 h 35 min

1. Für die Rinderbratenfüllung 1 Zwiebel schälen und in feine Würfel schneiden. Die Champignons putzen, trocken abreiben und vierteln. Die getrockneten Feigen ebenfalls vierteln. 1 EL Olivenöl in einer Pfanne erhitzen und die Zwiebel mit den Pilzen, den Feigen und den Pinienkernen darin etwa 5 Minuten andünsten. Mit Salz, Pfeffer und 2 TL orientalischen Gewürzen würzen.

2. Für den Rinderbraten die restlichen Zwiebeln schälen, die Möhren und den Sellerie putzen und schälen. Das Gemüse in grobe Würfel schneiden. Den Backofen auf 160 °C Umluft vorheizen. Das Fleisch ausrollen, mit dem Senf bestreichen, mit den restlichen orientalischen Gewürzen würzen und die Bratenfüllung darauf verteilen. Das Fleisch aufrollen und mit Küchengarn fixieren (siehe S. 23).

3. Das restliche Olivenöl in einem Bräter (mit passendem Deckel) erhitzen und den Rollbraten darin rundum anbraten. Das Gemüse hinzufügen und kurz mitdünsten. Die Lorbeerblätter und die Gewürznelken dazugeben und mit 1 Prise Salz würzen. Mit dem Wein ablöschen, ½ l Wasser angießen und den Braten im Ofen auf der mittleren Schiene zugedeckt 2 ½ Stunden garen.

4. Für das Gemüse die Möhren putzen, schälen und längs vierteln. Die Zuckerschoten putzen und waschen. Das Olivenöl in einem Topf erhitzen und das Gemüse nacheinander bei mittlerer Hitze bissfest dünsten. Mit Salz und Pfeffer würzen. Die Feigen waschen und vierteln oder in Scheiben schneiden.

5. Den Braten herausnehmen und warm halten. Den Bratenfond durch ein feines Sieb in einen Topf gießen, die Sahne und die Crème fraîche dazugeben und die Sauce etwas einkochen lassen. Mit Salz und Pfeffer abschmecken. Den Rinderbraten in Scheiben schneiden und mit der Sauce auf Teller verteilen. Das Gemüse daneben anrichten und mit den geviertelten Feigen garnieren. Nach Belieben Rosmarinkartoffeln dazu servieren.

Filet Wellington

Rinderfilet im Teigmantel

ZUBEREITUNG // ⏱ 40 min // 🔥 45 min

1. Blätterteigscheiben auftauen lassen. Die Pilze putzen, die Schalotten schälen und beides in feine Würfel schneiden. In der Butter andünsten und so lange braten, bis die entstandene Flüssigkeit verdampft ist. Madeira und Sahne unterrühren und einkochen lassen. Mit Salz und Pfeffer würzen, die Petersilie untermischen und abkühlen lassen.

2. Das Filet mit Salz und Pfeffer würzen, im heißen Öl rundum anbraten und herausnehmen. Den Backofen auf 180 °C Umluft vorheizen. Die Blätterteigscheiben überlappend aufeinanderlegen und ausrollen. Toast, Schinken und Pilzmasse auf einer Teighälfte verteilen und das Filet darauflegen. Die Teigränder mit Eigelb bestreichen, den Teig über das Filet schlagen, dabei die Ränder gut andrücken. Evtl. mit Teigstreifen verzieren.

3. Das Filet auf ein mit Backpapier belegtes Backblech legen. Restliches Eigelb mit 1 bis 2 EL Wasser verrühren und den Teig damit bestreichen. Im Ofen etwa 40 Minuten (Kerntemperatur 52 bis 55 °C) garen. Vor dem Anschneiden kurz ruhen lassen.

ZUTATEN FÜR 6–8 PERSONEN

- 450 g Blätterteig (tiefgekühlt)
- 400 g Champignons
- 3 Schalotten
- 2 EL Butter
- 4 cl Madeira
- 3 EL Sahne
- Salz · Pfeffer aus der Mühle
- 2 EL gehackte Petersilie
- 1,5 kg Rinderfilet (aus dem Mittelstück; ohne Häute und Sehnen)
- 2 EL Öl
- 3 Scheiben Toastbrot
- 150 g roher Schinken (in Scheiben)
- 2 Eigelb

ZUTATEN FÜR 4 PERSONEN

800 g Rinderfilet (Mittelstück)
2 EL Öl
1 EL Dijonsenf
Salz · Pfeffer aus der Mühle
7 Eiweiß
2 kg grobes Meersalz
80 g Mehl
250 g ungedüngtes Bergwiesenheu
je 4 Zweige Rosmarin und Thymian
(gewaschen)

Rinderfilet
in Heusalzkruste

ZUBEREITUNG // ⏱ 35 min // 🔥 45 min

1 Das Filet im Öl rundum bei starker Hitze anbraten, herausnehmen und etwas abkühlen lassen. Mit dem Senf einreiben und mit Salz und Pfeffer würzen.

2 Den Backofen auf 170 °C vorheizen. Ein Backblech mit Alufolie belegen. Die Eiweiße steif schlagen und mit Meersalz und Mehl mischen. Ein Drittel des Salzteigs auf die Alufolie geben und mit der Hälfte des Heus bedecken. Je 2 Zweige Rosmarin und Thymian auf das Heu legen. Das Fleisch daraufsetzen und die restlichen Kräuterzweige auf das Fleisch legen. Mit dem übrigen Heu abdecken. Alles mit Salzteig vollständig bedecken und das Fleisch im Ofen auf der mittleren Schiene etwa 40 Minuten (Kerntemperatur 52 bis 55 °C) garen.

3 Das Fleisch herausnehmen, aus dem Salzteig brechen und das Heu entfernen. In Alufolie gewickelt etwa 10 Minuten ruhen lassen, dann in Scheiben schneiden und nach Belieben mit Schupfnudeln (siehe S. 156), gedünsteten bunten Möhrenscheiben und einer Rotwein-Butter-Sauce servieren.

Mein Lieblingsrezept für...
Kalbsbraten

MIT KRÄUTERN GEFÜLLTER KALBSROLLBRATEN

⏱ 35 min // 🍲 1 h 5 min // FÜR 4 PERSONEN

1. Den Backofen auf 160 °C vorheizen. Einen Kalbsbraten (1,2–1,5 kg; z.B. Hals) der Länge nach aufschneiden und aufklappen. Mit einem Fleischklopfer etwas flach klopfen und mit Salz und Pfeffer würzen.

2. 2 Bund gemischte Kräuter (Petersilie, Basilikum, Estragon, Schnittlauch) waschen, trocken tupfen und grob hacken. Mit 1 EL Senf, 2 EL Semmelbrösel, 1 TL abgeriebene Bio-Zitronenschale und 1 EL Butter im Blitzhacker fein zerkleinern.

3. Die Kräuterpaste auf dem Fleisch verteilen, aufrollen und mit Küchengarn zu einem Rollbraten binden. Mit Salz und Pfeffer würzen.

4. In einem Bräter 3 EL Olivenöl erhitzen und den Braten darin rundherum anbraten. 4 Zweige Rosmarin und 3 Lorbeerblätter dazugeben und im Ofen etwa 1 Stunde garen.

5. 100 g Perlzwiebeln, 400 g kleine Möhren und 200 g Petersilienwurzeln schälen und in grobe Stücke schneiden. Mit Salz, Pfeffer und etwas Zucker würzen. Mit 1 EL Olivenöl mischen und 30 Minuten vor Garzeitende zum Braten geben und mitgaren. Zum Schluss 1 EL Butter unter das Gemüse rühren und den Braten servieren.

TIPP *Gehen Sie mit einem Bratenthermometer auf Nummer sicher: Hat der Kalbsbraten eine Kerntemperatur von 58 °C erreicht, dann ist er zart und saftig und genau richtig!*

Kalbshaxe
im Ganzen geschmort

ZUTATEN FÜR 4 PERSONEN

2 Zwiebeln · 1 Möhre
120 g Knollensellerie
2–3 EL Öl
1 Kalbshaxe (ca. 3 kg)
2 TL Puderzucker
1 EL Tomatenmark
150 ml Rotwein
½ l Hühnerbrühe
1 Lorbeerblatt
½ TL schwarze Pfefferkörner
1 Knoblauchzehe (geschält)
1 Streifen Bio-Zitronenschale
1 Zweig Thymian
Salz · Pfeffer aus der Mühle

ZUBEREITUNG // 20 min // 4 h 35 min

1 Den Backofen auf 160 °C vorheizen. Zwiebeln, Möhre und Sellerie schälen und in Stücke schneiden. 1 bis 2 EL Öl in einem Bräter (mit passendem Deckel) erhitzen, die Kalbshaxe darin rundum anbraten und herausnehmen. Den Puderzucker im Bratfett karamellisieren, das Tomatenmark unterrühren und kurz anrösten. Mit dem Wein ablöschen und einköcheln lassen.

2 Das Gemüse im restlichen Öl andünsten, in den Bräter geben und die Brühe angießen. Die Kalbshaxe daraufsetzen und zugedeckt im Ofen auf der mittleren Schiene 4 ½ Stunden schmoren, dabei mehrmals wenden. Nach 2 Stunden den Deckel abnehmen und die Kalbshaxe gelegentlich mit der Sauce begießen.

3 Die Kalbshaxe aus dem Bräter nehmen. Das Lorbeerblatt und die Pfefferkörner in die Sauce geben und etwas einköcheln lassen. Knoblauch, Zitronenschale und Thymian einige Minuten in der Sauce ziehen lassen. Die Sauce durch ein feines Sieb gießen und mit Salz und Pfeffer abschmecken. Die Kalbshaxe in Scheiben schneiden und mit der Sauce anrichten.

Ossobuco
mit Gremolata

ZUTATEN FÜR 4 PERSONEN

2 Zwiebeln · 1 Knoblauchzehe
4 Scheiben Kalbshaxe (à ca. 300 g)
Salz · Pfeffer aus der Mühle
2 EL Mehl · 2–3 EL Olivenöl
1 TL Tomatenmark
400 ml trockener Weißwein
ca. 800 ml Fleischbrühe
2 Möhren · 100 g Knollensellerie
100 g Lauch · 2 Stiele Salbei
4 Zweige Thymian · 1 Lorbeerblatt
300 g stückige Tomaten (aus der Dose) · 4 Stiele Petersilie
2 Knoblauchzehen
2 TL abgeriebene Bio-Zitronenschale
Cayennepfeffer

ZUBEREITUNG // 20 min // 2 h 05 min

1 Zwiebeln und Knoblauch schälen und in feine Würfel schneiden. Die Fleischscheiben waschen, trocken tupfen und den Rand mehrmals einschneiden. Das Fleisch mit Salz und Pfeffer würzen und mit dem Mehl bestäuben. In einem Bräter im Olivenöl rundum anbraten und wieder herausnehmen.

2 Zwiebeln und Knoblauch im Bratfett andünsten, das Tomatenmark unterrühren und anrösten. Mit dem Wein ablöschen und einkochen lassen. Die Brühe angießen, die Fleischstücke dazugeben und zugedeckt bei schwacher Hitze 70 Minuten schmoren.

3 Das Gemüse putzen und waschen bzw. schälen und in kleine Würfel schneiden. Mit Salbei, Thymian, Lorbeerblatt und den Tomaten zu den Beinscheiben geben und weitere 40 bis 50 Minuten schmoren.

4 Die Petersilie waschen und fein hacken. Den Knoblauch schälen, in feine Würfel schneiden und mit Zitronenschale und Petersilie mischen. Das Ossobuco mit Salz, Pfeffer und Cayennepfeffer abschmecken und mit der Gremolata bestreut servieren.

Gefüllte Kalbsbrust
mit Möhrengemüse

ZUTATEN FÜR 4 PERSONEN

Für die Kalbsbrust
200 g weiche Butter
2 Eier
25 g Semmelbrösel
250 g Kalbsbrät
1 EL gehackte Pistazien
1 EL Sahne
Salz · Pfeffer aus der Mühle
frisch geriebene Muskatnuss
1 Kalbsbrust (ca. 1,2 kg; vom Metzger eine Tasche einschneiden lassen)
¼ l Weißwein
100 ml Kalbsjus (Fertigprodukt)
⅛ l Hühnerbrühe
50 g Schmelzkäse
einige Salbeiblätter

Für das Möhrengemüse
500 g Möhren
3 EL Butter · 1 EL Zucker
⅛ l Fleischbrühe
Salz · Pfeffer aus der Mühle
1 EL gehackte Petersilie
1 EL Kräuterfrischkäse

ZUBEREITUNG // 30 min // 2 h 05 min

1. Für die Kalbsbrust 100 g Butter schaumig rühren, die Eier und die Semmelbrösel unterrühren. Das Kalbsbrät und die Pistazien untermischen. Falls nötig, mit etwas Sahne glatt rühren. Mit Salz, Pfeffer und Muskatnuss abschmecken. Die Kalbsbrust mit der Masse füllen, die Öffnung mit Küchengarn zunähen und die Kalbsbrust mit Salz und Pfeffer würzen.

2. In einem Bräter (mit passendem Deckel) 40 g Butter erhitzen und die Kalbsbrust darin rundum anbraten. Mit 150 ml Wein und ¼ l Wasser ablöschen und das Fleisch zugedeckt 1½ bis 2 Stunden schmoren.

3. Für das Möhrengemüse die Möhren putzen, schälen und in Scheiben schneiden. Die Butter und den Zucker in einem Topf leicht karamellisieren. Mit der Brühe ablöschen, die Möhren dazugeben und etwa 10 Minuten bissfest garen. Mit Salz und Pfeffer abschmecken und die Petersilie und den Kräuterfrischkäse untermischen.

4. Die Kalbsbrust aus dem Bräter nehmen und den Fond durch ein Sieb in einen Topf gießen. Die Kalbsjus, den restlichen Wein, die Brühe und den Schmelzkäse hinzufügen, aufkochen und etwas einkochen lassen. Die restliche Butter mit dem Stabmixer unterrühren und die Sauce nicht mehr kochen lassen. Mit Salz und Pfeffer abschmecken. Den Salbei waschen und trocken tupfen, fein hacken und in die Sauce geben.

5. Die Kalbsbrust in Scheiben schneiden und mit dem Möhrengemüse und Semmelknödeln (siehe S. 149) oder Spätzle (siehe S. 159) und der Sauce auf Tellern anrichten.

Kalbsrahmbraten
mit Roséwein und Salbei

ZUTATEN FÜR 4 PERSONEN

1,5 kg Kalbfleisch (z. B. Bug oder Schulter)
Salz · Pfeffer aus der Mühle
Mehl zum Bestäuben
3 Zwiebeln
4 EL Öl
2 EL Tomatenmark
½ l Roséwein
¾ l Kalbsfond
5 Salbeiblätter (grob gehackt)
1 EL Speisestärke
150 g Sahne
frittierte Salbeiblätter für die Garnitur

ZUBEREITUNG // 15 min // 2 h 05 min

1 Den Backofen auf 140 °C vorheizen. Das Fleisch waschen, trocken tupfen, mit Salz und Pfeffer würzen und mit Mehl bestäuben. Die Zwiebeln schälen und in feine Würfel schneiden.

2 Das Fleisch in einem Schmortopf im heißen Öl rundum anbraten. Herausnehmen und die Zwiebeln im Bratfett andünsten. Das Tomatenmark unterrühren und kurz anrösten. Mit dem Wein ablöschen und einkochen lassen. Den Fond angießen, den Salbei und das Fleisch dazugeben und 1½ bis 2 Stunden im Ofen auf der mittleren Schiene garen. Dabei ab und zu wenden.

3 Das Fleisch herausnehmen und warm halten. Die Sauce etwas einköcheln lassen, mit dem Stabmixer pürieren und durch ein feines Sieb streichen. Die Stärke mit etwas kaltem Wasser glatt rühren, die Sauce damit binden und etwa 5 Minuten köcheln lassen. 100 g Sahne unterrühren und mit Salz und Pfeffer abschmecken. Die restliche Sahne anschlagen und unterrühren. Das Fleisch in Scheiben schneiden, mit der Sauce servieren und mit den Salbeiblättern garnieren.

Kalbsbraten
mit gebratenem Minigemüse

ZUTATEN FÜR 4 PERSONEN

1 kg Kalbsbraten (z.B. Hals oder flache Schulter)
Salz · Pfeffer aus der Mühle
4 EL Öl
1 Stange Lauch
200 ml Fleischbrühe
250 g Babymöhren (längs halbiert)
250 g Blumenkohlröschen (gewaschen)
250 g grüner Spargel (in Stücken)
250 g Babyzucchini (längs in Scheiben geschnitten)
1–2 EL Dijonsenf
100 g Sahne

ZUBEREITUNG // 25 min // 2 h 35 min

1. Den Backofen auf 150 °C Umluft vorheizen. Das Fleisch bei Bedarf in Form binden, mit Salz und Pfeffer würzen und in 2 EL Öl rundum anbraten. Auf ein tiefes Backblech legen. Den Lauch putzen, waschen und in Streifen schneiden. Um das Fleisch herum verteilen, die Brühe angießen und im Ofen 2 bis 2½ Stunden garen. Den Braten zwischendurch mit Bratflüssigkeit übergießen und evtl. etwas Wasser nachgießen.

2. Das vorbereitete Gemüse in einer ofenfesten Form verteilen, mit Salz und Pfeffer würzen und mit dem restlichen Öl beträufeln. Zum Braten in den Ofen schieben und etwa 30 Minuten garen, dabei ab und zu wenden.

3. Für die Sauce den Bratensaft durch ein Sieb in einen Topf gießen, mit dem Senf und der Sahne aufkochen und etwas einkochen lassen (oder nach Belieben mit Speisestärke binden). Mit Salz und Pfeffer abschmecken. Das Gemüse mit dem in Scheiben geschnittenen Braten und der Sauce servieren.

Kalbstafelspitz
mit Pilz-Pfirsich-Gemüse

ZUTATEN FÜR 4 PERSONEN

Für die Thymiansauce
500 g Kalbsknochen · 1 Zwiebel
1 Knoblauchzehe · 2 EL Öl
1 Bund Suppengrün (in Würfeln)
4 Wacholderbeeren
2 Gewürznelken
½ l trockener Rotwein
5 Zweige Thymian · 2 l Rinderbrühe
150 ml roter Portwein
Salz · Pfeffer aus der Mühle
1 TL Speisestärke

Für den Kalbstafelspitz
600 g Kalbstafelspitz (küchenfertig)
je 4 Zweige Rosmarin und Thymian
2 Knoblauchzehen · 2 EL Öl
Salz · Pfeffer aus der Mühle
1 EL Butterschmalz

Für das Pilz-Pfirsich-Gemüse
3 Schalotten · 4 Pfirsichhälften
(aus der Dose) · 3 EL Olivenöl
250 g Pilze (braune Champignons
und Steinpilze; geputzt und in
Scheiben geschnitten)
1 TL gehackter Rosmarin
Salz · Pfeffer aus der Mühle
1 EL Butter · 2 EL Aceto balsamico

ZUBEREITUNG // 35 min // 3 h

1. Für die Thymiansauce den Backofen auf 230 °C vorheizen. Die Knochen waschen und trocken tupfen. Auf einem Backblech im Ofen auf der mittleren Schiene etwa 45 Minuten bräunen, austretendes Fett entfernen. Inzwischen die Zwiebel schälen und in grobe Würfel schneiden, den Knoblauch schälen. Das Öl in einer Pfanne erhitzen und Zwiebel, Knoblauch und Suppengrün darin anbraten. Wacholderbeeren und Gewürznelken dazugeben, 300 ml Rotwein auf dreimal angießen und jeweils vollständig einköcheln lassen.

2. Den Thymian waschen und mit den Kalbsknochen und dem Gemüse in einen Topf geben. Die Brühe sowie 100 ml Rotwein angießen und aufkochen. Die Sauce bei schwacher Hitze etwa 2 Stunden auf etwa 1 l einköcheln lassen. Die Sauce durch ein feines Sieb gießen. Den restlichen Rot- und den Portwein dazugeben und etwa 1 Stunde auf ½ l einkochen lassen. Danach die Sauce nochmals durch das Sieb gießen, mit Salz und Pfeffer würzen. Die Speisestärke mit wenig kaltem Wasser glatt rühren und die Sauce damit binden.

3. Für den Tafelspitz den Backofen auf 80 °C vorheizen. Das Fleisch mit Küchengarn in Form binden und mit den Kräutern und dem Knoblauch auf einem Backblech im Ofen auf der mittleren Schiene etwa 2 Stunden garen, bis es eine Kerntemperatur von 55 °C hat. Das Fleisch im Butterschmalz rundum anbraten. Im Ofen bei 55 °C warm halten und 20 Minuten vor dem Servieren bei 80 °C auf 60 °C Kerntemperatur erhitzen.

4. Für das Pilz-Pfirsich-Gemüse die Schalotten schälen und in Streifen schneiden. Die Pfirsiche abtropfen lassen und in Spalten schneiden. In einer Pfanne 1 EL Olivenöl erhitzen und die Schalotten darin anbraten. Die Pilze dazugeben und etwa 5 Minuten mitbraten. Mit Rosmarin, Salz und Pfeffer würzen. Zum Schluss die Pfirsiche und die Butter dazugeben.

5. Den Tafelspitz mit Salz und Pfeffer würzen, in Scheiben schneiden und mit Thymiansauce und dem Pilz-Pfirsich-Gemüse auf Tellern anrichten. Mit Essig und restlichem Olivenöl beträufeln.

Kalbsrollbraten
mit Graupenrisotto

ZUTATEN FÜR 4 PERSONEN

Für den Braten
- 3 Schalotten
- 2 Knoblauchzehen
- 2 EL Pinienkerne
- 4 EL Olivenöl
- 4 Zweige Thymian
- 4 EL schwarze Oliven (entsteint)
- 1 EL Kapern
- Salz · Pfeffer aus der Mühle
- 1,2 kg Kalbsrollbraten (Hals oder Schulter; vom Metzger vorbereitet)
- 2 EL Öl
- 150 ml trockener Weißwein
- ½ l Kalbsfond

Für den Risotto
- 1 Zwiebel · 1 Möhre
- 150 g Knollensellerie
- ½ Stange Lauch · 2 EL Öl
- 200 g Perlgraupen
- 1 l Gemüsebrühe
- 3 EL geriebener Parmesan
- 2 EL gehackte Petersilie
- Salz · Pfeffer aus der Mühle

ZUBEREITUNG // 30 min // 1 h 35 min

1. Den Backofen auf 150 °C vorheizen. Für die Füllung die Schalotten und den Knoblauch schälen, in feine Würfel schneiden und mit den Pinienkernen in einer Pfanne im heißen Olivenöl andünsten und beiseitestellen. Den Thymian waschen, trocken tupfen und die Blättchen abzupfen. Mit den Oliven und den Kapern hacken, unter die Schalotten mischen und die Füllung mit Salz und Pfeffer würzen.

2. Das Fleisch auf der Arbeitsfläche ausbreiten und mit der Füllung bestreichen. Aufrollen, mit Küchengarn fixieren (siehe S. 23) und mit Salz und Pfeffer würzen. Das Öl in einem Bräter erhitzen und das Fleisch darin rundum anbraten. Den Wein und den Fond angießen und den Rollbraten im Ofen etwa 1½ Stunden garen. Dabei gelegentlich wenden und mit der Schmorflüssigkeit begießen.

3. Für den Risotto Zwiebel, Möhre und Sellerie schälen und in feine Würfel schneiden. Den Lauch putzen, waschen und ebenfalls in feine Würfel schneiden. Das Öl in einem Topf erhitzen und die Zwiebel darin andünsten. Die Graupen dazugeben, kurz mitdünsten, dann die Brühe angießen. Den Risotto bei schwacher Hitze etwa 25 Minuten köcheln lassen und nach etwa 15 Minuten das fein gewürfelte Gemüse untermischen. Zum Schluss den Parmesan und die gehackte Petersilie unterheben und den Risotto mit Salz und Pfeffer abschmecken.

4. Den Braten aus dem Ofen nehmen und das Küchengarn entfernen. Das Fleisch in Scheiben schneiden und mit dem Risotto (und etwas Schmorsud) auf vorgewärmten Tellern anrichten.

Hackbraten
im Speckmantel

ZUBEREITUNG // 30 min // 1 h

1. Den Backofen auf 200 °C vorheizen. Den Toast in wenig kaltem Wasser einweichen. Die Zwiebel und den Knoblauch schälen und in feine Würfel schneiden.

2. Das Öl in einer kleinen Pfanne erhitzen und die Zwiebel und den Knoblauch darin bei mittlerer Hitze andünsten. Die Petersilie untermischen und die Pfanne vom Herd nehmen.

3. Das Hackfleisch mit den Eiern, der Zwiebelmischung und dem ausgedrückten Toast verkneten und mit Salz, Pfeffer, Thymian und Oregano kräftig würzen.

4. Aus dem Fleischteig mit angefeuchteten Händen einen länglichen Laib formen. Die Speckscheiben auf der Arbeitsfläche überlappend ausbreiten, den Fleischteig daraufgeben und die Speckscheiben einschlagen. Den Hackbraten mit Küchengarn fixieren (siehe S. 23) und in eine gefettete ofenfeste Form legen.

5. Etwas Pfeffer grob darübermahlen und den Hackbraten im Ofen auf der unteren Schiene etwa 1 Stunde garen. Herausnehmen und nach Belieben gebratene Kartoffelspalten dazu servieren.

ZUTATEN FÜR 4 PERSONEN

2 Scheiben Vollkorntoast
1 Zwiebel
2 Knoblauchzehen
2 EL Öl
2 EL gehackte Petersilie
800 g gemischtes Hackfleisch
2 Eier
Salz · Pfeffer aus der Mühle
1–2 TL getrockneter Thymian
1–2 TL getrockneter Oregano
6–8 große Scheiben durchwachsener Speck
Fett für die Form

ZUTATEN FÜR 4 PERSONEN

2 Brötchen (vom Vortag)
2 kleine Zwiebeln
1 Bund Petersilie · 3 EL Butter
je ½ rote und gelbe Paprikaschote
(in kleinen Würfeln)
1 kg gemischtes Hackfleisch · 3 Eier
Salz · Pfeffer aus der Mühle
½ TL getrockneter Majoran
1 TL Currypulver
200 g Feta (Schafskäse) · 1 EL Öl
1 Möhre · 50 g Knollensellerie
½ Stange Lauch · 1 Tomate
1 Petersilienwurzel
300 ml Fleischbrühe · 100 g Sahne

Falscher Hase
mit Fetafüllung

ZUBEREITUNG // 🕐 20 min // 🍳 50 min

1 Die Brötchen in Wasser einweichen. Die Zwiebeln schälen und in feine Würfel schneiden. Die Petersilie waschen, trocken schütteln und die Blätter fein hacken. Die Zwiebeln in der Butter andünsten, die Hälfte der Petersilie dazugeben und kurz mitdünsten.

2 Paprikawürfel, Hackfleisch, Zwiebeln, restliche Petersilie, ausgedrückte Brötchen und Eier in einer Schüssel gut verkneten und mit Salz, Pfeffer, Majoran und Curry würzen.

3 Backofen auf 220 °C vorheizen. Den Feta in Stücke schneiden. Aus der Hackmasse 2 mit Feta gefüllte Laibe formen und in einen mit Öl gefetteten Bräter legen. Das Gemüse putzen und schälen bzw. waschen und in kleine Würfel schneiden. Zum Hackbraten in den Bräter geben und im Ofen 45 bis 50 Minuten garen, dabei die Brühe angießen.

4 Die Hackbraten herausnehmen und warm halten. Den Bratensatz aufkochen, evtl. mit Speisestärke binden, die Sahne unterrühren und mit Salz und Pfeffer abschmecken. Den Hackbraten mit der Sauce servieren. Dazu passt grünes Frühlingsgemüse, mit Kartoffelpüree zu Türmchen geschichtet.

SCHWEIN

Schweinekrustenbraten
mit Kartoffelknödeln und Biersauce

ZUTATEN FÜR 6–8 PERSONEN

Für den Braten
1,5 kg Schweineschulter (mit Schwarte)
Salz · Pfeffer aus der Mühle
½ l Fleischbrühe
1 Möhre
100 g Knollensellerie
1 kleine Stange Lauch
4 Stiele Petersilie
1 Zweig Rosmarin
½ l dunkles Bier
½ TL gemahlener Kümmel
Zucker

Für die Knödel
1 kg mehligkochende Kartoffeln
Salz
2 Scheiben Weißbrot
1 EL Butterschmalz
1 Ei
100 g Mehl
frisch geriebene Muskatnuss

ZUBEREITUNG // 45 min // 3 h

1. Für den Braten den Backofen auf 120 °C vorheizen. Das Fleisch mit Salz und Pfeffer würzen und mit der Schwarte nach unten in einen Bräter legen. Die Brühe angießen und 1 Stunde garen.

2. Die Möhre, den Sellerie und den Lauch putzen und schälen bzw. waschen und in Stücke schneiden. Die Petersilie und den Rosmarinzweig waschen und trocken schütteln.

3. Den Schweinebraten aus dem Bräter nehmen und die Schwarte mit einem scharfen Messer rautenförmig einschneiden. Die Backofentemperatur auf 160 °C erhöhen. Das Gemüse, die Petersilienstiele und das Bier in den Bräter geben und das Fleisch mit der Schwartenseite nach oben zurück auf das Gemüse legen. Den Rosmarinzweig und den Kümmel hinzufügen und den Schweinebraten weitere 1½ Stunden garen. Zum Schluss weitere 30 Minuten bei 220 °C Oberhitze knusprig braten.

4. Für die Knödel die Kartoffeln schälen, waschen und in Salzwasser 15 bis 20 Minuten weich garen. Die Weißbrotscheiben entrinden, in etwa 1 cm große Würfel schneiden und im heißen Butterschmalz anrösten. Leicht mit Salz würzen.

5. Die Kartoffeln abgießen, ausdampfen lassen und durch die Kartoffelpresse in eine Schüssel drücken. Das Ei, das Mehl, Salz und 1 Prise Muskatnuss unter die warme Kartoffelmasse rühren. Den Teig mit angefeuchteten Händen zu Knödeln formen, dabei jeden mit 3 bis 4 gerösteten Weißbrotwürfeln füllen.

6. In einem Topf reichlich Salzwasser aufkochen. Die Knödel etwa 10 Minuten vor Ende der Garzeit des Schweinebratens vorsichtig in das Wasser geben und bei schwacher Hitze langsam gar ziehen lassen.

7. Den Braten in Alufolie wickeln und kurz ruhen lassen. Das Gemüse mit dem Fond durch ein Sieb passieren, dabei das Gemüse gut ausdrücken. Die Sauce nach Belieben mit kalten Butterstücken binden und mit Salz, Pfeffer und Zucker abschmecken. Den Schweinebraten in Scheiben schneiden, mit den Knödeln und der Sauce anrichten.

Schweinebraten
mit allem Drum und Dran

ZUTATEN FÜR 4 PERSONEN

2 Zwiebeln · 2 Möhren
1 kg Schweinehals
Salz · Pfeffer aus der Mühle
1 TL Paprikapulver (edelsüß)
½ l Fleischbrühe
½ l dunkles Bier
400 g gemischtes Gemüse (z. B. Bohnen, Möhren und Kohlrabi)
1 EL Butter
1 EL gehackte Petersilie

ZUBEREITUNG // 25 min // 2 h

1. Den Backofen auf 200 °C vorheizen. Zwiebeln und Möhren schälen und in grobe Würfel schneiden. Den Schweinehals waschen, trocken tupfen und rundum mit Salz, Pfeffer und Paprikapulver würzen. Schweinehals, Zwiebeln und Möhren in einen Bräter geben und die Brühe angießen. Das Fleisch im Ofen auf der mittleren Schiene etwa 2 Stunden garen. Nach 1 Stunde den Braten wenden und mit dem Bier übergießen.

2. Die Bohnen putzen und waschen, Möhren und Kohlrabi schälen. Die Möhren in Scheiben, den Kohlrabi in Stifte schneiden. Das Gemüse in kochendem Salzwasser bissfest garen, abgießen und mit der Butter und der Petersilie mischen.

3. Den Schweinebraten aus dem Bräter nehmen und warm halten. Die Sauce durch ein feines Sieb in einen Topf gießen und mit Salz und Pfeffer abschmecken. Den Schweinebraten in fingerdicke Scheiben schneiden. Mit der Sauce, dem Buttergemüse und nach Belieben mit Serviettenknödeln (siehe S. 148) und einem Kartoffel-Gurken-Salat servieren.

Reindlbraten
mit Schmorgemüse

ZUTATEN FÜR 6 PERSONEN

- 3 große weiße Zwiebeln
- 1 Möhre · 150 g Knollensellerie
- 1–2 EL Öl · 1,5 kg Schweinehals
- 600 g kleine festkochende Kartoffeln
- 1 TL Puderzucker
- 1 EL Tomatenmark
- 200 ml leichter Rotwein
- 1 l Hühnerbrühe
- 1 kleines Lorbeerblatt
- 2 Knoblauchzehen (geschält und halbiert)
- ½–1 TL getrockneter Majoran
- 1 Msp. gemahlener Kümmel
- 1 Streifen Bio-Zitronenschale
- Salz · Pfeffer aus der Mühle

ZUBEREITUNG // 30 min // 3 h

1 Den Backofen auf 160 °C vorheizen. Die Zwiebeln, die Möhre und den Sellerie schälen und alles in 1½ bis 2 cm große Stücke schneiden. Das Öl in einer Pfanne erhitzen und das Fleisch darin rundum anbraten. Herausnehmen und beiseitestellen, anschließend das Gemüse in der Pfanne leicht braun braten.

2 Die Kartoffeln schälen, waschen und halbieren oder vierteln. Den Puderzucker in einem Bräter bei mittlerer Hitze hell karamellisieren. Das Tomatenmark unterrühren und kurz anrösten. Mit dem Wein ablöschen und sämig einköcheln lassen. Gemüse, Kartoffeln und die Brühe dazugeben, das Fleisch daraufsetzen und im Ofen auf der mittleren Schiene etwa 3 Stunden offen garen, dabei zwischendurch wenden.

3 Das Fleisch herausnehmen und warm stellen. Die Sauce durch ein Sieb in einen Topf gießen, das Gemüse in einem zweiten Topf beiseitestellen. Gewürze und Kräuter in der Sauce ziehen lassen, durch ein Sieb zurück zum Gemüse gießen, nochmals erhitzen und mit Salz und Pfeffer abschmecken.

Mecklenburger Rippenbraten
mit Äpfeln und Pflaumen

ZUTATEN FÜR 4 PERSONEN

1,2 kg Schweinebauch (mit Rippen; vom Metzger eine Tasche einschneiden lassen)
Salz · Pfeffer aus der Mühle
getrockneter Majoran
2 Scheiben Toastbrot (oder 2–3 EL Paniermehl)
100 g Backpflaumen
2 EL Rosinen (beides eingeweicht)
2 Äpfel (in kleinen Würfeln)
1 EL Zitronensaft
1 TL Zucker
2 EL Öl
1 Zwiebel
1 Bund Suppengrün
¾ l Fleischbrühe
2 Lorbeerblätter
3 schwarze Pfefferkörner
2 Pimentkörner
½ TL Senfkörner

ZUBEREITUNG // 30 min // 2 h 30 min

1. Den Rippenbraten innen und außen mit Salz, Pfeffer und Majoran würzen. Den Backofen auf 150 °C vorheizen.

2. Das Brot entrinden und in Würfel schneiden. Die Backpflaumen und die Rosinen abtropfen lassen, die Pflaumen halbieren. 1 EL Apfelwürfel mit dem Zitronensaft beträufeln, mit etwa 4 Backpflaumen für die Sauce beiseitestellen.

3. Die restlichen Backpflaumen und Apfelwürfel mit den Rosinen und dem Brot in einer Schüssel mischen und mit etwas Salz, Pfeffer, Majoran und dem Zucker würzen. Den Braten mit der Mischung füllen und mit kleinen Holzspießen zustecken.

4. Das Öl in einem Bräter erhitzen. Den Braten mit der Fleischseite nach unten hineinsetzen, kurz anbraten und anschließend im Ofen etwa 10 Minuten braten.

5. Die Zwiebel schälen und in feine Würfel schneiden. Das Suppengrün putzen und waschen bzw. schälen und in Stücke schneiden. Das Gemüse im Bräter verteilen und 10 Minuten weitergaren. Die Brühe seitlich angießen. Die Lorbeerblätter, die Pfeffer-, Piment- und Senfkörner dazugeben und den Rippenbraten weitere 2 Stunden garen

6. Den Rippenbraten herausnehmen und warm halten. Den Fond durch ein Sieb in einen Topf gießen, dabei das Gemüse leicht ausdrücken. Die beiseitegestellten Backpflaumen und Apfelwürfel dazugeben und kurz aufkochen lassen. Nach Belieben die Sauce mit etwas Mehlbutter oder angerührter Speisestärke binden, mit Salz und Pfeffer abschmecken. Den Rippenbraten in Scheiben schneiden und mit der Sauce auf Tellern anrichten.

INFO *Das aus dem ländlichen Raum von Mecklenburg-Vorpommern stammende Gericht wurde früher vor allem in kalten Monaten zubereitet, wenn viel geschlachtet wurde. Gefüllt hat man den winterlichen Braten dann einfach mit dem, was es zu dieser Jahreszeit gab: Äpfel und Backpflaumen.*

Bayerische Schweinshaxe
mit knuspriger Schwarte

ZUTATEN FÜR 4 PERSONEN

1 Schweinshaxe (ca. 2 kg)
Salz
2 Zwiebeln
2 Möhren
200 g Knollensellerie
1 EL Öl
1 Knoblauchzehe
ca. ½ l Fleischbrühe
½ TL gemahlener Kümmel
Pfeffer aus der Mühle

ZUBEREITUNG // 15 Min // 3 h 30 min

1. Die Schweinshaxe waschen, trocken tupfen und in leicht kochendem Salzwasser 2 bis 2½ Stunden vorgaren.

2. Den Backofen auf 220 °C Oberhitze vorheizen. Die Zwiebeln schälen, die Möhren und den Sellerie putzen und schälen und alles in grobe Würfel schneiden. Das Gemüse mit dem Öl in einen Bräter geben und im Ofen auf der mittleren Schiene etwa 30 Minuten anbraten.

3. Den Knoblauch schälen und durch die Knoblauchpresse drücken. Die Schweinshaxe auf das Gemüse legen, die Fleischbrühe angießen und den Knoblauch und den Kümmel einrühren. Die Haxe etwa 1 Stunde knusprig braten.

4. Die Schweinshaxe aus dem Bräter nehmen und im ausgeschalteten Backofen warm halten. Die Sauce durch ein Sieb in einen Topf passieren, dabei das Gemüse gut ausdrücken. Die Sauce nach Belieben etwas einköcheln lassen und mit Salz und Pfeffer abschmecken.

5. Die Schweinshaxe mit der Sauce servieren. Dazu passen rohe Kartoffelklöße (siehe S. 142) und ein Blattsalat.

Mein Lieblingsrezept für...
Schweinebraten

ROLLBRATEN MIT SALSICCIA, FENCHEL UND TOMATEN

🕐 40 min // 🍳 3 h 40 min // FÜR 4 PERSONEN

1. 1,2–1,5 kg Schweinebauch der Länge nach fast durchschneiden und aufklappen, sodass die Schwarte unten liegt. Mit Salz, Pfeffer und 2 EL gehacktem Salbei bestreuen. Das Brät aus 500 g Salsiccia-Würsten herausdrücken und auf dem Schweinebauch verteilen.

2. Den Braten aufrollen, mit Küchengarn fixieren und mit der Schwarte nach unten in einen Bräter legen. 800 ml Hühnerbrühe angießen und bei 130 °C im Ofen 1 Stunde garen. Braten und Brühe aus dem Bräter nehmen.

3. 2 Zwiebeln, 1 Möhre und 150 g Knollensellerie (gewürfelt) in 2 EL Olivenöl im Bräter anrösten. 1 TL Tomatenmark kurz mitrösten, 200 ml Weißwein angießen und fast vollständig einkochen. Die Brühe wieder angießen und den Braten mit der Schwarte nach oben in den Bräter legen. Im Ofen bei 160 °C 2 Stunden braten.

4. Den Rollbraten auf dem Grillgitter (Abtropfblech unterschieben!) bei 220 °C 30 bis 40 Minuten knusprig braten.

5. 2–3 Fenchelknollen in 1 cm dicke Spalten schneiden. 300 g rote und gelbe Cocktailtomaten halbieren. Den Fenchel in 2 EL Olivenöl anbraten. Den Bratenfond durch ein Sieb angießen und das Gemüse 10 Minuten schmoren. Die Tomaten dazugeben, mit Salz und Pfeffer würzen und das Gemüse mit dem aufgeschnittenen Braten servieren.

Schweinefilet
mit Apfelrahmkraut

ZUTATEN FÜR 4 PERSONEN

Für das Schweinefilet
12 lange Scheiben Frühstücksspeck (ca. 120 g)
80 g Kalbsbrät (vom Metzger)
2 EL Sahne · 1 cl Sherry
1 EL Thymianblättchen
2–3 EL gehackte Petersilie
2 Schweinefilets (à 300 g; aus
dem Mittelstück) · 1 EL Öl

Für das Apfelrahmkraut
1 kleine Zwiebel
500 g Spitzkohl
1 Möhre
100 g Knollensellerie · Salz
2 Äpfel · 1 EL Öl
1 TL getrockneter Majoran
1 TL gemahlener Kümmel
frisch geriebene Muskatnuss
Pfeffer aus der Mühle
1 EL gehackte Petersilie
50 ml Gemüsebrühe oder
Weißwein
150 g Sahne · 2 EL Butter
je 1 TL abgeriebene Bio-
Zitronen- und Orangenschale
1 Zimtrinde
1 Msp. abgeriebene Bio-
Limettenschale
1 Stück Vanilleschote

ZUBEREITUNG // ⏱ 40 min // 🔥 50 min

1 Für das Schweinefilet den Backofen auf 100 °C vorheizen. Ein Ofengitter auf die mittlere Schiene und darunter ein Abtropfblech schieben.

2 Jeweils 6 Scheiben Frühstücksspeck leicht überlappend nebeneinander auf Frischhaltefolie legen. Das Kalbsbrät mit Sahne und Sherry verrühren, den Speck gleichmäßig damit bestreichen und mit Thymian und Petersilie bestreuen. Die Schweinefilets von Fett und Sehnen befreien. Je 1 Schweinefilet auf den Speck legen und mithilfe der Frischhaltefolie darin einwickeln. Die Folie wieder entfernen. Das Öl in einer Pfanne erhitzen und die Filets darin bei mittlerer Hitze erst auf der Nahtseite anbraten, dann rundum anbraten. Das Fleisch auf das Gitter in den Ofen legen und je nach Dicke etwa 45 Minuten rosa garen.

3 Für das Apfelrahmkraut die Zwiebel schälen und in Rauten schneiden. Vom Spitzkohl die äußeren Blätter und den Strunk entfernen. Die Blätter waschen, trocken schleudern und in Rauten schneiden. Die Möhre und den Sellerie putzen und schälen, zuerst in dünne Scheiben, dann in Rauten schneiden. Das Gemüse in kochendem Salzwasser blanchieren. Die Äpfel waschen, vierteln und die Kerngehäuse entfernen. Einen Apfel in dünne Scheiben, den anderen Apfel in Spalten schneiden.

4 Das Öl in einer Pfanne erhitzen und die Zwiebel darin bei mittlerer Hitze glasig dünsten, Möhre, Sellerie und Spitzkohl dazugeben und leicht anbraten. Mit Majoran, Kümmel, Muskatnuss, Salz und Pfeffer würzen. Die Petersilie, die Brühe und die Sahne hinzufügen. Zum Schluss 1 EL Butter, Zitronen- und Orangenschale und Apfelscheiben unterrühren sowie etwas Zimt darüberreiben.

5 Die Apfelspalten in einer Pfanne in der restlichen Butter bei mittlerer Hitze weich dünsten. Die Limettenschale, die Vanilleschote und den Zimt dazugeben. Das Apfelrahmkraut auf vorgewärmte Teller verteilen. Das Schweinefilet in Scheiben schneiden, darauf anrichten und mit den gedünsteten Apfelspalten garniert servieren.

Schweinerücken
mit Lardo im Salzteig

ZUBEREITUNG // 🕐 20 min // 🍳 1 h

1. Mehl, Meersalz und 300 ml Wasser zu einem geschmeidigen Teig verkneten, in Frischhaltefolie wickeln und 15 Minuten kühl stellen.

2. Den Backofen auf 180 °C vorheizen. Den Schweinerücken waschen, trocken tupfen und rundum im heißen Olivenöl anbraten. Mit Pfeffer würzen und herausnehmen. Die Kräuterzweige waschen, trocken schütteln und auf dem Fleisch verteilen. Den Schweinerücken mit den Speckscheiben vollständig umwickeln. Den Salzteig auf Backpapier zu einem großen Rechteck ausrollen.

3. Das Fleisch auf die untere Hälfte der Teigplatte legen, den Teig darüberschlagen, die Ränder andrücken und die Seiten einschlagen. Auf einem Backblech auf der 2. Schiene von unten 45 bis 60 Minuten garen. Nach 45 Minuten mit einem Bratthermometer die Kerntemperatur messen, perfekt sind 65 °C.

4. Den Salzteig oben rechteckig aufschneiden, den Schweinerücken herausnehmen und aus dem Speckmantel wickeln. Das Fleisch in Scheiben schneiden und z. B. einen Kartoffelsalat dazu servieren.

ZUTATEN FÜR 4 PERSONEN

500 g Mehl
500 g feines Meersalz
1 kg Schweinerücken (ohne Knochen und Schwarte)
3 EL Olivenöl
Pfeffer aus der Mühle
3 Zweige Rosmarin
5 Zweige Thymian
3 Stiele Majoran
12 dünne Scheiben fetter Speck (z. B. Lardo)

ZUTATEN FÜR 4 PERSONEN

1,5 kg Schweinebauch (ohne Schwarte; vom Metzger als Rollbraten zugeschnitten)
1 EL Fenchelsamen
1 TL schwarze Pfefferkörner
Salz
je 4 Zweige Rosmarin und Thymian (grob gehackt)
6 Knoblauchzehen
8 Schalotten
2 Fenchelknollen
6 EL Olivenöl
50 ml Pernod (franz. Anislikör)
¼ l Weißwein
200 ml Kalbsfond (aus dem Glas)

Porchetta-Rollbraten
mit Fenchelgemüse

ZUBEREITUNG // 20 min // 1 h 35 min

1 Den Schweinebauch auf der Arbeitsfläche ausbreiten. Fenchelsamen und Pfefferkörner im Mörser grob zerstoßen, mit 1 TL Salz mischen und mit der Hälfte der Kräuter auf dem Fleisch verteilen. 2 Knoblauchzehen schälen, in feine Scheiben schneiden und auf dem Fleisch verteilen. Das Fleisch aufrollen und mit Küchengarn fixieren (siehe S. 23).

2 Die Schalotten schälen und halbieren. Den Fenchel putzen, waschen und längs in Spalten schneiden. Die restlichen Knoblauchzehen in der Schale leicht andrücken.

3 Den Backofen auf 180 °C vorheizen. Den Rollbraten in einem Bräter in 3 EL Olivenöl rundum anbraten und herausnehmen. Gemüse und Kräuter anbraten, mit Pernod, Wein und Fond ablöschen und aufkochen lassen. Den Rollbraten im Bräter im Ofen auf der mittleren Schiene etwa 1½ Stunden garen und ab zu mit Bratensud begießen.

4 Das Fleisch herausnehmen und ruhen lassen. Das Gemüse mit Salz abschmecken und mit dem restlichen Olivenöl beträufeln. Zum in Scheiben geschnittenen Fleisch servieren.

Schweinerollbraten
mit Couscous, Aprikosen und Pistazien

ZUTATEN FÜR 6–8 PERSONEN

75 g getrocknete Aprikosen
1 Schalotte
2 Knoblauchzehen
1 EL Butter
ca. 150 ml Gemüsebrühe
1 TL gemahlener Kreuzkümmel
½ TL gemahlener Koriander
½ TL gemahlene Kurkuma
100 g Couscous
50 g Pistazien
½ TL abgeriebene Bio-Zitronenschale
Salz
Cayennepfeffer
1 Schweinerollbraten (mit Schwarte; ca. 2 kg)
2 EL Olivenöl
3 TL grobes Meersalz
¼ l Geflügelfond (aus dem Glas)

ZUBEREITUNG // 35 min // 2 h 30 min

1 Für die Füllung die Aprikosen in grobe Stücke schneiden. Die Schalotte und den Knoblauch schälen und in feine Würfel schneiden. Die Butter in einem Topf zerlassen und die Schalotte und den Knoblauch darin andünsten.

2 Die Brühe angießen, Kreuzkümmel, Koriander und Kurkuma einrühren und aufkochen lassen. Den Couscous einstreuen, vom Herd ziehen und etwa 5 Minuten quellen lassen. Die Pistazien grob hacken und mit den Aprikosen untermischen. Den Couscous mit Zitronenschale, Salz und Cayennepfeffer würzen.

3 Den Backofen auf 160 °C vorheizen. Den Schweinerollbraten waschen, trocken tupfen und auf der Arbeitsfläche mit der Schwarte nach unten ausbreiten. Die Füllung darauf verteilen und den Braten wieder aufrollen. Mit Küchengarn fixieren (siehe S. 23) und auf ein tiefes Backblech legen. Mit Olivenöl bestreichen und mit dem Meersalz einreiben. Den Fond angießen und den Rollbraten etwa 2 Stunden garen.

4 Den Backofen auf 240 °C Oberhitze stellen und den Schweinebraten weitere 30 Minuten knusprig braten. Aus dem Ofen nehmen und das Küchengarn entfernen. Das Fleisch in Scheiben schneiden und auf einer Platte servieren.

TIPP *Als Füllung eignen sich auch 250 g Leberkäs- oder Kalbsbrät, das man mit 3 EL Sahne, 1 TL abgeriebener Bio-Zitronenschale und 2 EL gehackter Petersilie verrührt und mit je 1 Prise Chiliflocken und Kümmel sowie Salz und Pfeffer pikant abschmeckt.*

Spanferkelschulter
in Rotweinsauce

ZUBEREITUNG // 20 min // 2 h 15 min

1. Die Spanferkelschulter in siedendem Salzwasser 10 bis 15 Minuten vorgaren, herausnehmen und die Schwarte mit einem scharfen Messer leicht einschneiden. Das Gemüse schälen und in 1 bis 1½ cm große Stücke schneiden.

2. Den Backofen auf 160 °C vorheizen. Den Puderzucker in einem Bräter leicht karamellisieren und das Gemüse darin andünsten. Mit dem Wein ablöschen und auf ein Drittel einköcheln lassen. Die Brühe angießen, die Spanferkelschulter in den Bräter geben und im Backofen auf der mittleren Schiene etwa 1½ Stunden garen.

3. Am Ende der Garzeit die Backofentemperatur auf 220 °C Oberhitze erhöhen. Die Schwarte mit Salz würzen und das Fleisch weitere 30 Minuten kross braten. Den Bratensaft mit Salz, Kümmel und Majoran würzen. Den Knoblauch und die Zitronenschale hinzufügen, einige Minuten ziehen lassen und beides wieder entfernen. Die Sauce durch ein Sieb passieren und zur Spanferkelschulter servieren.

ZUTATEN FÜR 4 PERSONEN

1,5 kg Spanferkelschulter
(mit Schwarte; küchenfertig)
Salz
1 große Zwiebel
1 kleine Möhre
80 g Knollensellerie
1–2 EL Puderzucker
150 ml kräftiger Rotwein
300 ml Hühnerbrühe
gemahlener Kümmel
getrockneter Majoran
1 Knoblauchzehe (in Scheiben)
1 Streifen Bio-Zitronenschale

ZUTATEN FÜR 4 PERSONEN

800 g Kartoffelkloßteig (Fertigprodukt)
800 g Spanferkelnacken
(am Stück; ohne Knochen)
Salz · Pfeffer aus der Mühle
2 EL Öl
2 EL Thymianblättchen
6–8 Rosmarinspitzen
2 EL Butter

Spanferkelnacken
mit gebratenen Kartoffelknödeln

ZUBEREITUNG // 25 min // 40 min

1. Den Kloßteig halbieren und zu 2 Rollen mit einem Durchmesser von etwa 5 cm formen. Zuerst in Frischhaltefolie, dann straff in Alufolie rollen und die Enden eindrehen. In siedendem Salzwasser etwa 20 Minuten ziehen lassen. Herausnehmen, abkühlen lassen, auswickeln und in Scheiben schneiden.

2. Den Backofen auf 200 °C Umluft vorheizen. Den Rückenspeck des Spanferkels mit einem scharfen Messer kreuzförmig einritzen und das Fleisch mit Salz und Pfeffer würzen. Das Öl in einem Bräter erhitzen und das Fleisch darin rundum anbraten. Das Fleisch mit der Speckseite nach oben in den Bräter legen, die Kräuter darauf verteilen, ein Bratenthermometer mittig hineinstecken und den Braten im Ofen auf der mittleren Schiene etwa 35 Minuten garen, bis das Fleisch eine Kerntemperatur von 65 °C aufweist. Den Braten aus dem Ofen nehmen und in Alufolie gewickelt 5 Minuten ruhen lassen, dann in dicke Scheiben schneiden.

3. Die Kloßscheiben in Butter auf beiden Seiten leicht braun braten und mit Rahmsauerkraut zum Braten servieren.

Spanferkel
mit karamellisiertem Rhabarber

ZUTATEN FÜR 4 PERSONEN

1 Spanferkelrücken
(ca. 1,6 kg; mit Kotelettknochen und Schwarte)
Meersalz
Pfeffer aus der Mühle
400 ml Geflügelfond
(aus dem Glas)
600 g Rhabarber
1 Bio-Zitrone
100 g Zucker
2–3 Salbeiblätter

ZUBEREITUNG // ⏱ 45 min // 🍳 2 h 20 min

1 Den Backofen auf 120 °C Umluft vorheizen. Das Spanferkel mit Salz und Pfeffer würzen und mit der Schwarte nach unten in einen Bräter legen. Den Fond angießen und das Fleisch im Ofen auf der mittleren Schiene 40 Minuten garen.

2 Den Spanferkelrücken herausnehmen und die Backofentemperatur auf 160 °C erhöhen. Die Schwarte mit einem scharfen Messer einschneiden und das Fleisch mit der Schwarte nach oben etwa 1 Stunde weitergaren.

3 Den Rhabarber putzen, waschen, die Fäden abziehen und die Rhabarberstangen in etwa 2 cm lange Stücke schneiden. Die Zitrone heiß waschen und halbieren. Eine Hälfte auspressen, von der anderen Hälfte 2 Scheiben abschneiden.

4 Den Zucker in einer Pfanne karamellisieren. Den Rhabarber dazugeben und mit dem Zitronensaft und etwa 3 EL Wasser ablöschen. Die Salbeiblätter waschen, mit den Zitronenscheiben hinzufügen und etwa 5 Minuten köcheln lassen.

5 Das Spanferkel herausnehmen und den Backofengrill einschalten. Ein Grillgitter auf die mittlere Schiene und darunter ein Abtropfblech schieben. Das Spanferkel mit Salzwasser bestreichen und auf dem Gitter etwa 30 Minuten knusprig braten.

6 Das Spanferkel herausnehmen, in Stücke schneiden und auf dem Rhabarber anrichten. Dazu passen Meersalzkartoffeln und geschmortes Wurzelgemüse (siehe Tipp).

TIPP *Für die Gemüsebeilage 1 kg Wurzelgemüse (Petersilienwurzeln, Knollensellerie, Möhren) und 4 halbierte Schalotten putzen und schälen, mit Salz und Zucker würzen und 30 Minuten ziehen lassen. Dann 2 halbierte Knoblauchzehen, 4 Zweige Thymian und 4 EL Olivenöl untermischen und das Wurzelgemüse in einem Bräter bei 160 °C etwa 1 Stunde mitgaren.*

Kasselerbraten
mit Zwetschgen und Aprikosen

ZUTATEN FÜR 4 PERSONEN

250 g Aprikosen
250 g Zwetschgen
1,2 kg Kasseler (küchenfertig; leicht gepökelt)
Pfeffer aus der Mühle
2 EL Öl
150 ml trockener Rotwein
¾ l Bratenfond (aus dem Glas)
3 Zweige Thymian
1 EL Butter
Salz

ZUBEREITUNG // 20 min // 50 min

1. Die Aprikosen und die Zwetschgen waschen, halbieren, entsteinen und in Spalten schneiden. Das Kasseler waschen, trocken tupfen und rundum mit Pfeffer einreiben.

2. Das Öl in einem Schmortopf (mit passendem Deckel) erhitzen und das Fleisch darin rundum anbraten. Den Wein angießen und etwas einkochen lassen. Den Fond, die Hälfte der Früchte und den gewaschenen Thymian hinzufügen und den Braten zugedeckt bei mittlerer Hitze 45 Minuten schmoren.

3. Das Fleisch herausnehmen und kurz ruhen lassen. Die Sauce durch ein Sieb passieren, die Butter und die restlichen Früchte dazugeben und kurz aufkochen lassen. Vom Herd nehmen und mit Salz und Pfeffer würzen.

4. Den Kasslerbraten in Scheiben schneiden und zusammen mit der Sauce servieren. Nach Belieben mit Thymianzweigen garnieren. Dazu passt Kartoffelpüree.

Osterschinken
aus dem Gewürzsud

ZUTATEN FÜR 4 PERSONEN

1 gepökelte, entbeinte Spanferkelschulter (1,3–1,5 kg)
2 Zwiebeln · 1 Lorbeerblatt
2 Gewürznelken · 1 Möhre
200 g Knollensellerie
½ Stange Lauch
3 Scheiben Ingwer
1 TL Fenchelsamen
¼ TL Chiliflocken
je 1 TL Wacholderbeeren (angedrückt), schwarze Pfefferkörner, getrockneter Majoran, ganzer Kümmel, Piment- und Korianderkörner
je 1 Streifen Bio-Zitronen- und Orangenschale

ZUBEREITUNG // 🕐 15 min // 🍳 2 h 45 min

1. Die Spanferkelschulter trocken tupfen. Die Zwiebeln schälen, 1 Zwiebel mit dem Lorbeerblatt belegen und mit Gewürznelken feststecken. Möhre und Sellerie putzen, schälen und vierteln. Den Lauch putzen, waschen und längs halbieren. Die Gewürze in einen Einwegteebeutel geben und verschließen.

2. Reichlich Wasser zum Kochen bringen, die gespickte Zwiebel und das Gemüse mit der Spanferkelkeule dazugeben und knapp unter dem Siedepunkt 1¾ bis 2 Stunden mehr ziehen als köcheln lassen. Den Teebeutel mit den Gewürzen 20 Minuten vor Ende der Garzeit hinzufügen, gegen Ende der Garzeit die Zitronen- und Orangenschale.

3. Den Backofen auf 220 °C Umluftgrill (ersatzweise 240 °C Oberhitzegrill) vorheizen. Die Spanferkelschulter aus dem Sud nehmen und die Schwarte mit einem scharfen Messer längs einritzen. Auf ein Backblech legen und im Ofen auf der untersten Schiene 30 bis 45 Minuten grillen, bis die Schwarte braun und knusprig ist. Mit Frühlingsgemüse und Senfsauce servieren.

LAMM & ZICKLEIN

Lammbraten
mit Minzjoghurt

ZUTATEN FÜR 4 PERSONEN

Für den Lammbraten
1 Lammkeule (ca. 800 g; ohne Knochen)
Salz · Pfeffer aus der Mühle
2 EL Öl
3 EL Knoblauchöl
3 EL grobkörniger Senf

Für den Minzjoghurt
1 Handvoll Minze
400 g griechischer Joghurt
2 EL Olivenöl
Zitronensaft
Salz · Pfeffer aus der Mühle
Zucker

ZUBEREITUNG // 15 min // 45 min

1 Den Backofen auf 200 °C Umluft vorheizen. Für den Lammbraten die Lammkeule waschen, trocken tupfen und mit Küchengarn in Form binden. Rundum mit Salz und Pfeffer würzen.

2 Das Öl in einem Bräter erhitzen und das Fleisch darin rundum bei mittlerer Hitze anbraten. Mit dem Knoblauchöl und dem Senf bestreichen und im Ofen auf der mittleren Schiene, je nach Dicke des Fleisches, etwa 40 Minuten garen, bis ein in das Fleisch gestochenes Bratenthermometer eine Kerntemperatur von 60 °C (das Fleisch ist medium) oder 75 °C (das Fleisch ist dann well done) anzeigt.

3 Für den Minzjoghurt die Minze waschen, trocken tupfen und die Blätter abzupfen. Die Minzeblätter in feine Streifen schneiden. In einer kleinen Schüssel den Joghurt mit dem Olivenöl und einigen Tropfen Zitronensaft glatt rühren, die Minze untermischen und mit Salz, Pfeffer und 1 Prise Zucker würzen.

4 Den Lammbraten aus dem Backofen nehmen und vor dem Anschneiden 5 Minuten mit Alufolie zugedeckt ruhen lassen. Das Küchengarn entfernen und die Lammkeule in Scheiben schneiden. Den Minzjogurt dazu reichen. Dazu passt ein frischer Couscous-Kräuter-Salat oder aufgebackenes Fladenbrot.

TIPP *Der Garzustand des Fleisches lässt sich auch folgendermaßen feststellen: Man sticht mit einer Rouladennadel in die Mitte des Fleisches, zieht sie wieder heraus und hält sie sich an die Oberlippe. Ist sie zwischen warm und heiß, dann ist das Fleisch medium.*

Lammbraten
in der Salzkruste

ZUBEREITUNG // 🕐 20 min // 🔥 1 h 30 min

1. Den Backofen auf 160 °C vorheizen. Das Fleisch mit Pfeffer würzen, die Kräuterzweige waschen und trocken tupfen. Die Nadeln bzw. Blättchen abzupfen und grob hacken. Die Hälfte der Kräuter mit dem Olivenöl mischen und das Lammfleisch damit rundum einreiben.

2. In einer Schüssel das Meersalz mit den Eiweißen, den restlichen Kräutern und gegebenenfalls etwas Wasser zu einem nicht zu weichen Teig verrühren.

3. Ein Backblech mit Backpapier belegen und etwa ein Drittel der Salzmasse daraufgeben. Das Fleisch darauflegen und mit dem restlichen Salz umhüllen, sodass das Fleisch komplett ummantelt ist.

4. Den Lammbraten im Ofen auf der mittleren Schiene etwa 1½ Stunden garen (60 °C Kerntemperatur). Aus dem Ofen nehmen, 15 Minuten ruhen lassen, dann die Kruste aufbrechen und das Fleisch in Scheiben schneiden und servieren. Dazu passen grüne Butterbohnen, Salzkartoffeln und eine Sauce béarnaise.

ZUTATEN FÜR 4 PERSONEN

1 kg Lammfleisch (z. B. Schulter oder Keule; ausgelöst)
Pfeffer aus der Mühle
2 Zweige Rosmarin
8 Zweige Thymian
2 EL Olivenöl
ca. 2 kg grobes Meersalz
4 Eiweiß

ZUTATEN FÜR 4–6 PERSONEN

3 Zwiebeln
8 Knoblauchzehen
1 Handvoll Thymian
4–5 frische Lorbeerblätter
1 Lammoberkeule (ca. 1,2 kg; mit Knochen)
Salz · Pfeffer aus der Mühle
4 EL Öl · 1 EL Tomatenmark
400 ml trockener Rotwein
800 ml Fleischbrühe

Geschmorte Lammkeule
mit Knoblauch und Kräutern

ZUBEREITUNG // 15 min // 3 h 35 min

1. Den Backofen auf 130 °C Umluft vorheizen. Die Zwiebeln schälen und in grobe Würfel schneiden. Den Knoblauch schälen und ganz lassen. Thymian und Lorbeerblätter waschen und trocken tupfen. Das Lammfleisch rundum kräftig mit Salz und Pfeffer würzen.

2. Das Öl in einem Schmortopf erhitzen und die Lammkeule darin rundum bei starker Hitze anbraten. Zwiebeln, Knoblauch, Thymian, Lorbeerblätter und Tomatenmark mitbraten. mit dem Wein ablöschen und einkochen lassen. Dann die Brühe angießen.

3. Den Schmortopf mit dem passenden Deckel verschließen und das Lammfleisch im Ofen etwa 3 Stunden garen. Dann weitere 30 Minuten offen garen, bis sich eine in das Fleisch gestochene Fleischgabel ohne Widerstand herausziehen lässt.

4. Das Fleisch mit Alufolie zugedeckt kurz ruhen lassen. Die Schmorflüssigkeit durch ein Sieb gießen und auf die Hälfte einkochen lassen. Evtl. mit Speisestärke binden. Das Fleisch vom Knochen in Scheiben schneiden. Dazu passt ein Kartoffelgratin (siehe S. 154).

Lammkarree
mit Senf-Kräuter-Kruste

ZUTATEN FÜR 4 PERSONEN

2 Lammkarrees (à ca. 400 g; küchenfertig)
Pfeffer aus der Mühle
4 Stiele Petersilie
1 Zweig Rosmarin
1 Knoblauchzehe
30 g Semmelbrösel
80 g weiche Butter
2 TL Dijonsenf
1 TL geriebener Parmesan
2 EL Öl
Salz

ZUBEREITUNG // ⏱ 20 min // 🍳 50 min

1. Den Backofen auf 100 °C vorheizen. Die Lammkarrees waschen, trocken tupfen und mit Pfeffer einreiben. Die Kräuter waschen, trocken schütteln, die Blätter bzw. Nadeln abzupfen und fein hacken. Den Knoblauch schälen und in feine Würfel schneiden.

2. Für die Gratiniermasse die Semmelbrösel mit der weichen Butter, dem Senf, dem Parmesan, den Kräutern und dem Knoblauch verrühren.

3. Das Lamm im heißen Öl in einem Bräter rundum anbraten, mit Salz würzen und im Ofen auf der mittleren Schiene 30 bis 40 Minuten garen.

4. Das Fleisch herausnehmen und den Backofengrill einschalten. Die Gratiniermasse gleichmäßig auf den Karrees verteilen und das Fleisch im Ofen auf der 2. Schiene von unten so lange überbacken, bis die Kruste gebräunt ist. Herausnehmen und sofort servieren. Dazu passen ein Kartoffelgratin (siehe S. 154) und grüne Bohnen (siehe Tipp).

TIPP *Grüne Bohnen mit Speck sind ein Klassiker zu Lamm. Noch besser sind sie mit Serranoschinken. Putzen und waschen Sie dafür 600 g Keniabohnen und garen Sie sie in kochendem Salzwasser etwa 3 Minuten. In ein Sieb abgießen, eiskalt abschrecken und gut abtropfen lassen. In einer Pfanne 2 EL Butter zerlassen, 4 geschälte Knoblauchzehen kurz darin schwenken und wieder entfernen. Die Bohnen unter Rühren in der Knoblauchbutter braten. Die Bohnen an den Pfannenrand schieben und 8 Scheiben Serranoschinken in der Pfanne kross braten. Mit den Bohnen mischen und mit Salz und Pfeffer würzen.*

Lammhaxe
auf Kräuteräpfeln

ZUBEREITUNG // 20 min // 1 h 50 min

1. Den Backofen auf 140 °C Umluft vorheizen. Die Lammhaxen waschen, trocken tupfen und mit Salz und Pfeffer würzen. Auf ein mit Backpapier belegtes Backblech legen und im Ofen auf der mittleren Schiene etwa 50 Minuten garen.

2. Die Schalotten und den Knoblauch schälen und halbieren. Die Kräuter waschen, trocken tupfen und die Blätter bzw. Nadeln abzupfen. Die Butter in einem Schmortopf erhitzen und Schalotten, Knoblauch und Tomatenmark darin andünsten. Mit dem Portwein ablöschen und einkochen lassen. Dann den Fond angießen und mit Salz und Pfeffer würzen.

3. Die Lammhaxen aus dem Ofen nehmen und im Schmortopf zugedeckt bei schwacher Hitze etwa 1 Stunde garen, bis sich das Fleisch leicht einstechen lässt. Die Kräuter 10 Minuten vor Garzeitende hinzufügen.

4. Die Apfelspalten 5 Minuten vor Garzeitende zum Lamm geben. Die Lammhaxen samt Schmorsud und Äpfeln anrichten. Mit Kartoffelschmarrn (siehe S. 152) und Mangold- oder Spitzkohlgemüse servieren.

ZUTATEN FÜR 4 PERSONEN

- 4 Lammhaxen
- Salz · Pfeffer aus der Mühle
- 10 Schalotten
- 4 Knoblauchzehen
- 3 Stiele Salbei
- 2 Zweige Rosmarin
- 4 Zweige Thymian
- 2 EL Butter
- 1 TL Tomatenmark
- 100 ml Portwein
- 400 ml Geflügelfond (aus dem Glas)
- 4 Äpfel (geschält und in Spalten geschnitten)

ZUTATEN FÜR 4 PERSONEN

50 g Pistazien
1 Brötchen (vom Vortag)
150 ml Milch
1 rote Zwiebel
1 Knoblauchzehe
2 EL Olivenöl
je ½ TL Kreuzkümmelsamen und Korianderkörner
¼ TL Zimtpulver
Salz · Pfeffer aus der Mühle
je ½ Bund Koriander und Petersilie
800 g Lammhackfleisch
2 Eier

Lammhackbraten
mit Pistazien

ZUBEREITUNG // 🕐 20 min // 🍽 45 min

1. Die Pistazien grob hacken und in einer Pfanne ohne Fett anrösten. Die Rinde des Brötchens entfernen, das Brötchen in Würfel schneiden und in der Milch einweichen. Die Zwiebel und den Knoblauch schälen und in feine Würfel schneiden. 1 EL Olivenöl in einer Pfanne erhitzen, die Zwiebel und den Knoblauch darin andünsten. Den Kreuzkümmel und Koriander im Mörser fein zerstoßen und mit Zimt, 1½ TL Salz und Pfeffer mischen. Die Kräuter waschen und trocken schütteln, die Blätter abzupfen und fein hacken.

2. Den Backofen auf 200 °C vorheizen. Das Hackfleisch mit Pistazien, Eiern, dem leicht ausgedrückten Brötchen, Zwiebel, Knoblauch, Gewürzen und Kräutern verkneten. Den Fleischteig mit Salz und Pfeffer würzen, zu einem Laib formen und in eine ofenfeste Form setzen. Mit dem restlichen Olivenöl bestreichen und im Ofen auf der unteren Schiene etwa 45 Minuten braten, dabei, falls nötig, etwas Wasser angießen. Den Hackbraten mit einem Joghurt-Dip, gegrilltem Gemüse (z.B. Auberginen, Paprikaschoten und Zucchini) und evtl. Couscous servieren.

Mein Lieblingsrezept für...
Lammbraten

LAMMKEULE MIT HARISSA

🕐 35 min // 🍳 2 h // FÜR 4 PERSONEN

1. Von einer Lammkeule (2–2,5 kg) das Fett bis auf eine dünne Schicht abschneiden. Das Fleisch mit Salz und Pfeffer einreiben.

2. Für die Gewürzpaste 2 Knoblauchzehen schälen und im Mörser fein zerreiben. Mit 200 g Naturjoghurt (10 % Fett), 1 bis 2 EL Harissa, 1 EL gehacktem Zitronenthymian, 1 TL Salz und 2 TL gemahlenem Kreuzkümmel verrühren. Die Lammkeule damit einreiben.

3. Eine Fettpfanne etwas einölen, die Lammkeule daraufgeben und im Ofen bei 160 °C Umluft 30 Minuten garen. Dann ½ l Lammfond angießen und 1 bis 1½ Std. garen.

4. 10 Minuten vor Garzeitende 400 g gewaschene Cocktailtomaten und 5 EL grob gehackte Petersilie dazugeben.

5. Die Lammkeule herausnehmen und das Fleisch vom Knochen in Scheiben schneiden. Dazu passt Fladenbrot, Zitronenhummus (siehe Tipp) und ein knackiger Salat.

TIPP *Für das Zitronenhummus 550 g abgetropfte Kichererbsen (aus der Dose), 100 g Tahin (Sesampaste), 1 geschälte Knoblauchzehe, 4 bis 5 EL Zitronensaft und 100 bis 150 ml Wasser im Mixer fein pürieren und mit Salz und Pfeffer würzen.*

Geschmorte Zickleinkeule
mit Riesling-Quitten-Sauce

ZUBEREITUNG // 🕐 20 min // 🍳 1 h 50 min // 💧 12h

1. Am Vortag die Zitronen heiß waschen, trocken reiben und in Scheiben schneiden. Die Schalotten schälen und halbieren. Die Keule am Knochen entlang einschneiden, den Knochen auslösen. Das Fleisch trocken tupfen, mit Pfeffer und Öl einreiben. Schalotten, Zitronen und Kräuter in das Fleisch einschlagen, den Knochen dazulegen und alles über Nacht zugedeckt kühl stellen.

2. Am nächsten Tag den Backofen auf 250 °C vorheizen. Das Fleisch mit Salz würzen, mit dem Knochen in einen Bräter legen und im Ofen 20 Minuten anbraten, zwischendurch wenden. Die Ofentemperatur auf 160 °C Umluft reduzieren. Den Wein angießen und die Keule weitere 1½ Stunden garen. Bei Bedarf etwas Flüssigkeit hinzufügen.

3. Das Fleisch herausnehmen und zugedeckt ruhen lassen. Den Bratensaft durch ein Sieb in einen Topf gießen, nach Belieben etwas einköcheln lassen. Die kalte Butter unterschlagen und die Sauce mit Salz, Pfeffer und Quittengelee abschmecken. Mit Gartengemüse und z.B. einem Kartoffelstrudel servieren.

ZUTATEN FÜR 4–6 PERSONEN

2 Bio-Zitronen
6 Schalotten
1 große Zickleinkeule (ca. 1,5 kg; mit Knochen; beim Metzger vorbestellen)
Pfeffer aus der Mühle
3 EL Olivenöl
1 Bund gemischte, gewaschene Kräuter (z.B. Rosmarin, Thymian, Majoran, Salbei)
Salz
200 ml Riesling
3 EL kalte Butter
1 EL Quittengelee

ZUTATEN FÜR 4 PERSONEN

2 EL Pinienkerne
4 getrocknete Tomaten (in Öl)
3 EL Ricotta
4 EL gehackte Petersilie
Salz · Pfeffer aus der Mühle
1 Zickleinschulter (ca. 1 kg; mit Knochen; beim Metzger vorbestellen)
4 Knoblauchzehen (geschält und halbiert)
je 3 Zweige Rosmarin und Thymian (gewaschen)
3–4 EL Olivenöl
¼ l Fleischbrühe

Zickleinschulter
mit mediterraner Füllung

ZUBEREITUNG // 25 min // 1 h 20 min

1 Die Pinienkerne in einer Pfanne goldbraun rösten. Die Tomaten in kleine Würfel schneiden. Beides mit dem Ricotta und der Petersilie mischen und mit Salz und Pfeffer würzen.

2 Den Backofen auf 220 °C vorheizen. Die Schulter am Knochen entlang einschneiden, den Knochen auslösen. Den Knochen waschen und trocken tupfen. Das Fleisch mit Salz und Pfeffer würzen. Die Füllung auf dem Fleisch verteilen, das Fleisch einrollen und mit Küchengarn fixieren (siehe S. 23). Knoblauch, Kräuter und Olivenöl mit dem Fleisch und den Knochen in einen Bräter legen und im Ofen auf der mittleren Schiene 20 Minuten anbraten, dabei wenden. Die Temperatur auf 150 °C Umluft reduzieren und das Fleisch etwa 1 Stunde garen.

3 Das Fleisch herausnehmen und zugedeckt ruhen lassen. Den Bratensaft mit der Brühe lösen. Durch ein Sieb in einen Topf gießen, etwas einköcheln lassen oder mit Speisestärke binden. Das Fleisch in Scheiben schneiden, auf Teller verteilen und mit der Sauce beträufeln. Mit Möhren- und Kohlrabigemüse und Kartoffelgratin (siehe S. 154) servieren.

WILD

Hirschbraten
im Speckmantel

ZUTATEN FÜR 4 PERSONEN

600 g Hirschkalbfleisch (z. B. Nuss oder falsches Filet)
4 Wacholderbeeren
4 Pimentkörner
grobes Meersalz
Pfeffer aus der Mühle
140 g durchwachsener Räucherspeck (in Scheiben)
1 EL Öl
1 Knoblauchzehe
4 Zweige Thymian
3 EL flüssige Butter

ZUBEREITUNG // 🕐 15 min // 🍳 65 min

1. Den Backofen auf 100 °C vorheizen, ein Grillgitter auf die mittlere Schiene und darunter ein Abtropfblech schieben. Die Wacholderbeeren und die Pimentkörner im Mörser zerstoßen. Das Fleisch mit Wacholder, Piment, Salz und Pfeffer einreiben.

2. Das Fleisch mit den Speckscheiben belegen, umwickeln und mit Küchengarn fixieren (siehe S. 23). Im Öl rundum anbraten, dabei den angedrückten Knoblauch und den Thymian dazugeben.

3. Den Braten mit der Butter bestreichen und auf dem Gitter im Ofen 50 bis 60 Minuten garen, bis das Fleisch eine Kerntemperatur von 55 bis 60 °C erreicht hat.

4. Das Fleisch herausnehmen, das Küchengarn entfernen und den Braten in Scheiben schneiden. Besonders gut passen zu Wild fruchtige Beilagen, wie z.B. Kompott aus Preiselbeeren, Cranberrys oder auch aus Quitten (siehe Tipp).

TIPP *Und so kochen Sie ein Quittenkompott: 2 Quitten schälen, entkernen, in kleine Würfel schneiden und mit etwas Zitronensaft beträufeln. In einem Topf 1 EL Butter erhitzen, 80 g Zucker dazugeben und karamellisieren. Die Quittenwürfel, das ausgekratzte Mark von 1 Vanilleschote, 1 TL fein geriebenen Ingwer und 100 ml Weißwein hinzufügen. Aufkochen und 20 Minuten bei schwacher Hitze garen und bei Bedarf noch etwas Wasser angießen.*

Hirschrücken
im Salzteig mit Kiefernnadeln

ZUTATEN FÜR 4 PERSONEN

ca. 250 g roher fetter Speck (am Stück)
2 kg grobes Meersalz
1 kg Mehl
7 Eiweiß
1 Handvoll Kiefernnadeln
6–8 Wacholderbeeren
600 g Hirschrücken (ausgelöst; küchenfertig)
Pfeffer aus der Mühle

ZUBEREITUNG // 30 min // 40 min // 2 h 30 min

1 Den Speck etwa 2 Stunden tiefkühlen. Salz und Mehl mischen, die Eiweiße unterrühren und mit so viel Wasser verkneten, bis ein glatter Teig entsteht. Den Salzteig 30 Minuten kühl stellen.

2 Den Backofen auf 220 °C vorheizen. Die Kiefernnadeln waschen und trocken tupfen, die Wacholderbeeren andrücken. Den Speck in dünne Scheiben schneiden. Das Fleisch waschen, trocken tupfen und von Häuten und Sehnen befreien.

3 Den Hirschrücken mit Pfeffer würzen, mit Kiefernnadeln und Wacholderbeeren belegen und mit den Speckscheiben umwickeln. Den Salzteig mit dem Nudelholz etwa 1 cm dick ausrollen und das Fleisch damit umhüllen. Auf ein mit Backpapier belegtes Backblech legen und im Ofen auf der mittleren Schiene etwa 40 Minuten (Kerntemperatur 55 bis 60 °C) garen.

4 Herausnehmen, die Salzkruste aufbrechen und nach Belieben mit Maronen und einem Apfel-Spitzkohl-Gemüse servieren.

Gebratener Hirschrücken
mit Nudeln aus Schwarzwurzeln

ZUTATEN FÜR 4 PERSONEN

600 g Hirschrücken (ausgelöst; küchenfertig)
Salz · Pfeffer aus der Mühle
1 EL Öl
¼ l Wildfond (aus dem Glas)
500 g Schwarzwurzeln
Saft und abgeriebene Schale von 1 Bio-Zitrone
3 EL Butter
2 EL gehackte Haselnüsse
Chiliflocken
1 Stück Vanilleschote
1 Splitter Zimtrinde
1 Lorbeerblatt
3 Wacholderbeeren
1 Streifen Bio-Orangenschale

ZUBEREITUNG // 35 min // 55 min

1. Den Backofen auf 100 °C vorheizen, ein Ofengitter auf die mittlere Schiene und darunter ein Abtropfblech schieben. Das Fleisch waschen, trocken tupfen, mit Salz und Pfeffer würzen und im heißen Öl rundum braun anbraten. Dann auf dem Gitter im Ofen etwa 50 Minuten rosa (Kerntemperatur 55 bis 60 °C) garen. Den Bratensatz mit dem Fond ablöschen, etwas einkochen lassen und mit Salz und Pfeffer abschmecken.

2. Die Schwarzwurzeln waschen, schälen, mit dem Sparschäler in dünne Scheiben schneiden und in kaltes Wasser mit dem Zitronensaft legen. Abgießen und in kochendem Salzwasser etwa 5 Minuten blanchieren. Abgießen, abtropfen lassen und in 1 EL heißer Butter mit den Haselnüssen schwenken. Mit Salz, Chiliflocken und Zitronensaft abschmecken. Auf Tellern anrichten.

3. Die restliche Butter mit den Gewürzen aufschäumen lassen. Das Fleisch aufschneiden, neben den Schwarzwurzeln anrichten und mit der Würzbutter beträufeln. Die Sauce dazu servieren.

Rehkeule
mit Serviettenknödel

ZUTATEN FÜR 4 PERSONEN

Für die Rehkeule
1 Rehkeule (ca. 1,5 kg; küchenfertig, ohne Knochen)
Salz · Pfeffer aus der Mühle
2 EL Butterschmalz
200 ml Wildfond (aus dem Glas)

Für den Serviettenknödel
6 Brötchen (vom Vortag)
2 Eier
ca. 350 ml lauwarme Milch
1 Schalotte · 2 EL Butter
2 EL gehackte Petersilie
Salz · Pfeffer aus der Mühle
frisch geriebene Muskatnuss

Für die Kirschsauce
1 Glas Schattenmorellen (720 ml)
1 TL abgeriebene Bio-Orangenschale
1 EL schwarze Pfefferkörner
150 ml trockener Rotwein
40 g kalte Butter
Salz · Pfeffer aus der Mühle

ZUBEREITUNG // 🕐 40 min // 🔥 4 h

1. Für die Rehkeule den Backofen auf 100 °C vorheizen. Das Rehfleisch mit Küchengarn in Form binden (siehe S. 23) und mit Salz und Pfeffer würzen. Das Butterschmalz in einem Bräter erhitzen und die Rehkeule darin rundum anbraten. Den Fond angießen und das Fleisch im Ofen auf der mittleren Schiene 3½ bis 4 Stunden garen.

2. Für den Serviettenknödel die Brötchen in kleine Würfel schneiden. Die Hälfte in einer Pfanne ohne Fett goldbraun rösten, mit den restlichen Brötchenwürfeln in einer Schüssel mischen. Die Eier verquirlen und mit der Milch über die Brötchen gießen. Die Schalotte schälen, in feine Würfel schneiden und in einer Pfanne in der Butter andünsten. Petersilie untermischen, abkühlen lassen und zu der Brötchenmasse geben. Gut verkneten und mit Salz, Pfeffer und Muskatnuss würzen.

3. In einem großen Topf reichlich Salzwasser aufkochen. Die Brötchenmasse zu einer Rolle formen, mittig auf ein Stück Backpapier und dieses auf ein feuchtes Küchentuch setzen. Das Backpapier und das Tuch zu einer Rolle einschlagen und die Enden mit Küchengarn fest verschließen. Den Serviettenknödel in siedendem Salzwasser bei schwacher Hitze etwa 30 Minuten gar ziehen lassen.

4. Für die Kirschsauce die Kirschen auf einem Sieb abtropfen lassen. Mit der Orangenschale, dem zerstoßenen Pfeffer und dem Wein in einem Topf zum Kochen bringen und bei mittlerer Hitze etwa 5 Minuten köcheln lassen.

5. Die Rehkeule aus dem Ofen nehmen, in Alufolie wickeln und kurz ruhen lassen. Den Bratenfond zu den Kirschen geben und die Sauce leicht einköcheln lassen. Mit der kalten Butter binden und mit Salz und Pfeffer würzen. Den Serviettenknödel auswickeln und ebenso wie die Rehkeule in Scheiben schneiden. Beides auf Tellern anrichten und die Kirschsauce dazu reichen.

Rehrücken
mit Preiselbeersauce

ZUTATEN FÜR 4 PERSONEN

1 Rehrücken (ca. 1,2 kg; vom Metzger auslösen und die Knochen mitgeben lassen)
1 Bund Suppengrün
1 braunschalige Zwiebel
1 rote Zwiebel
50 g Butterschmalz
1–2 TL Wildgewürz
1–2 TL Mehl · 125 ml Wildfond
¼ l Rotwein
1 EL Aceto balsamico
3 TL Preiselbeeren (aus dem Glas)
Salz · Pfeffer aus der Mühle
100 g durchwachsener Speck (in Würfeln)

ZUBEREITUNG // 25 min // 4 h

1 Den Rehrücken waschen und trocken tupfen, die Knochen in Stücke hacken. Das Suppengrün putzen, waschen bzw. schälen und in Stücke schneiden. Die Zwiebeln schälen und hacken.

2 Die Knochen im Butterschmalz anbraten. Suppengrün und Zwiebeln dazugeben und mitbraten. Etwas Wildgewürz dazugeben und mit Mehl bestäuben. Mit Fond, Wein und Essig ablöschen. Die Preiselbeeren unterrühren und die Sauce zugedeckt bei schwacher Hitze 2 bis 3 Stunden köcheln lassen.

3 Den Backofen auf 100 °C Umluft vorheizen. Das Rehfilet mit Salz, Pfeffer und restlichem Wildgewürz würzen. Den Speck im restlichen Butterschmalz anbraten. Das Fleisch dazugeben und rundum anbraten. Auf dem Grillgitter (Abtropfblech darunter) 50 bis 60 Minuten (Kerntemperatur 55 bis 60 °C) garen.

4 Die Sauce durch ein Sieb gießen und abschmecken. Das Fleisch in Scheiben schneiden und mit der Sauce auf Tellern anrichten. Mit gebratenen Kartoffelplätzchen (siehe S. 157) servieren.

Gebratener Rehrücken
im Möhren-Pilz-Mantel

ZUTATEN FÜR 4 PERSONEN

- 150 g Hähnchenbrustfilet
- 150 g Rehfleisch (aus der Keule)
- 100 g eisgekühlte Sahne
- 2 Eiweiß · Salz
- ½ Möhre (in feinen Würfeln)
- 400 g Champignons (in Scheiben)
- 1 mittelgroßer Rehrücken (ca. 1,5 kg; ausgelöst, mit Knochen)
- 1 Bund Suppengrün
- je ½ Bund Thymian und Rosmarin
- ½ l trockener Rotwein
- Salz · Pfeffer aus der Mühle
- 1 EL Butter

ZUBEREITUNG // 35 Min // 1 h

1. Hähnchen- und und Rehfleisch waschen, trocken tupfen, in kleine Würfel schneiden und 10 Minuten tiefkühlen. Das Fleisch und ⅓ der Sahne im Blitzhacker fein mixen. Restliche Sahne und das Eiweiß in 2 Portionen untermixen, bis die Farce glänzt. Mit Salz würzen und die Möhrenwürfel unterheben.

2. Backofen auf 90 °C Umluft vorheizen. Ein Stück Frischhaltefolie (etwa 60 x 30 cm) auf die Arbeitsplatte legen und die Fleischmasse 1 cm dick daraufstreichen. Die Pilze darauf verteilen und mit Frischhaltefolie bedecken. Wenden, die obere Folie abziehen und den Rehrücken mittig auf die Farce legen. Mit der Folie zu einer Rolle einschlagen und die Folienenden fest eindrehen. Das Fleisch auf dem Backblech im Ofen auf der mittleren Schiene etwa 1 Stunde (60 °C Kerntemperatur) rosa garen.

3. Aus Rehknochen und den restlichen Zutaten wie auf S. 100 beschrieben eine Sauce herstellen. Den Rehrücken kurz in Butter anbraten, in Scheiben schneiden und mit der Sauce servieren. Dazu passen Petersilienwurzelpüree und kleine Ofentomaten.

Mein Lieblingsrezept für...
Gebratenes Wildbret

GESCHMORTER HIRSCHBRATEN MIT QUITTEN

⏱ 35 min // 🍳 1 h 5 min // FÜR 4 PERSONEN

1. 1,2 kg Hirschbraten (ohne Knochen, z.B. Keule oder Nuss) waschen und trocken tupfen. Mit Salz, Pfeffer und 5 grob zerstoßenen Wacholderbeeren einreiben. Mit 150 g Panchettascheiben belegen und mit Küchengarn festbinden.

2. 1 Zwiebel, 1 Möhre und 150 g Knollensellerie putzen, schälen und in 1 cm große Stücke schneiden. 1 EL Olivenöl in einem großen Bräter erhitzen und das Fleisch darin rundum 4 bis 5 Minuten anbraten und herausnehmen.

3. Das Gemüse im Bratfett anrösten. 1 EL Tomatenmark kurz mitrösten und 200 ml Rotwein angießen. Fast vollständig einkochen lassen, dann 600 ml Wildfond angießen. Den Braten daraufsetzen, 4 Zweige Rosmarin dazugeben und den Hirschbraten bei 160 °C Umluft im Ofen 1 Stunde garen. Den Braten herausnehmen und in Alufolie eingewickelt ruhen lassen.

4. Die Sauce durch ein Sieb gießen und aufkochen. 50 g Quittengelee und 20 g Bitterschokolade unterrühren. 1 bis 2 TL Speisestärke mit kaltem Wasser anrühren und die Sauce damit binden. Mit Salz und Pfeffer abschmecken und mit dem aufgeschnittenen Braten servieren. Dazu passen Semmelknödel und Rahmwirsing.

Wildschweinbraten
mit Brokkoli und Kartoffelpüree

ZUTATEN FÜR 4 PERSONEN

2 Möhren
150 g Knollensellerie
1 Zwiebel
ca. 1 kg Wildschweinkeule
(küchenfertig; ohne Knochen)
Salz · Pfeffer aus der Mühle
2 EL Olivenöl
1 EL Tomatenmark
200 ml Rotwein
¾ l Hühnerbrühe
je ½ TL Wacholderbeeren, Pimentkörner, Pfefferkörner, Fenchelsamen
1 Lorbeerblatt
650 g Brokkoli
frisch geriebene Muskatnuss
70 g Pinienkerne
20 g geriebene Bitterschokolade
1 EL Johannisbeergelee

ZUBEREITUNG // 35 min // 2 h 35 min

1 Die Möhren und den Sellerie putzen, schälen und in Stücke schneiden, die Zwiebel schälen und in feine Würfel schneiden. Die Wildschweinkeule mit Salz und Pfeffer würzen. Das Olivenöl in einem Bräter erhitzen und die Keule darin bei mittlerer Hitze rundum anbraten. Die Gemüsewürfel und das Tomatenmark dazugeben und kurz mitbraten. Den Wein angießen und etwas einkochen lassen.

2 Den Backofen auf 150 °C vorheizen. Die Brühe angießen, die Gewürze in einen Einwegteebeutel geben, verschließen und ebenfalls hinzufügen. Die Keule mit dem Gemüse im Ofen auf der mittleren Schiene 2 bis 2 ½ Stunden garen.

3 Den Brokkoli putzen, waschen und in die einzelnen Röschen teilen. In einem Topf Salzwasser zum Kochen bringen, mit Muskatnuss würzen und nach Belieben 1 TL Butter hinzufügen. Den Brokkoli darin 10 bis 12 Minuten garen. Die Pinienkerne in einer Pfanne ohne Fett goldbraun rösten. Den Brokkoli in ein Sieb abgießen.

4 Die Wildschweinkeule aus dem Bräter nehmen und mit Alufolie zugedeckt kurz ruhen lassen. Die Sauce durch ein feines Sieb gießen und das Gemüse leicht ausdrücken. Die Sauce etwas einkochen lassen. Die Bitterschokolade und das Johannisbeergelee unterrühren und die Sauce abschmecken.

5 Das Fleisch aufschneiden und mit dem Brokkoli und Kartoffelpüree (siehe S. 161) auf Tellern anrichten. Den Brokkoli mit den Pinienkernen bestreuen, das Kartoffelpürree mit Röstzwiebeln. Nach Belieben mit Preiselbeeren gefüllte Birnenhälften (beides aus dem Glas) dazu servieren.

Wildschweinkeule
mit frischem Knoblauch

ZUBEREITUNG // 20 min // 2 h 35 m

1. Den Backofen auf 150 °C vorheizen. Die Keule trocken tupfen und mit Salz würzen. Das Butterschmalz in einem Bräter erhitzen und die Wildschweinkeule darin rundum braun anbraten.

2. Die Wacholderbeeren mit den Koriander- und den Pfefferkörnern im Mörser grob zerstoßen. Mit dem Rosmarin, dem Thymian und dem Senf mischen. Die Wildschweinkeule aus dem Bräter nehmen und rundum mit der Mischung einreiben.

3. Den Knoblauch putzen und andrücken. Einige Zehen auslösen und den Knoblauch in den Bräter legen. Ein wenig Wein angießen, die Keule daraufllegen und im Ofen auf der mittleren Schiene etwa 2½ Stunden garen, dabei immer wieder etwas Wein angießen.

4. Die Keule aus dem Ofen nehmen, mit Alufolie zugedeckt einige Minuten ruhen lassen, dann in Scheiben geschnitten servieren. Schmeckt mit Coleslaw, Röstzwiebeln, grünen Salatblättern und Preiselbeeren auch in gerösteten Hamburgerbrötchen.

ZUTATEN FÜR 4–6 PERSONEN

1 Wildschwein- oder Frischlingskeule (ca. 2 kg; küchenfertig mit Knochen)
Salz
2 EL Butterschmalz
1 TL Wacholderbeeren
1 TL Korianderkörner
1 TL schwarze Pfefferkörner
1 TL gehackter Rosmarin
1 TL gehackter Thymian
2–3 EL Dijonsenf
1 frische Knoblauchknolle
ca. 300 ml trockener Weißwein

ZUTATEN FÜR 4 PERSONEN

3 Zwiebeln · 1 Möhre
150 g Knollensellerie
3 EL Öl · 2 TL Puderzucker
1 EL Tomatenmark
80 ml roter Portwein
¼ l Rotwein · ¾ l Hühnerbrühe
1,5 kg Wildschweinschulter
1 EL Wacholderbeeren
je 1 TL Piment- und schwarze
Pfefferkörner · 2 Lorbeerblätter
1 kleine Zimtstange
2 EL getrocknete Champignons
1 Knoblauchzehe (in Scheiben)
½ TL dunkle Schokoladenraspel
1 Zweig Rosmarin

Wildschweinschulter
in dunkler Gewürzsauce

ZUBEREITUNG // 🕐 30 min // 🍳 2 h 40 min

1. Den Backofen auf 150 °C vorheizen. Das Gemüse schalen und in 1½ cm große Stücke schneiden. 1 EL Öl in einem Topf erhitzen und das Gemüse darin 2 bis 3 Minuten andünsten. Den Zucker darüberstäuben und karamellisieren, das Tomatenmark unterrühren und kurz anrösten. Mit dem Portwein ablöschen, den Rotwein und die Brühe angießen.

2. Die Wildschweinschulter im restlichen Öl rundum anbraten. Das Fleisch in die Sauce legen und zugedeckt im Ofen auf der mittleren Schiene etwa 2½ Stunden schmoren.

3. Wacholder, Piment und Pfeffer in einer Pfanne bei milder Hitze anrösten. Mit den Lorbeerblättern, Zimt, Champignons und Knoblauch 30 Minuten vor Garzeitende in die Sauce geben und mitziehen lassen. Die Schokolade unterrühren, den Rosmarin hinzufügen und einige Minuten ziehen lassen.

4. Das Fleisch herausnehmen und warm halten, die Sauce durch ein Sieb passieren und abschmecken. Das Fleisch in Scheiben schneiden und mit der Sauce, Kartoffelpüree (siehe S. 161) und Rosenkohlblättern servieren.

Kaninchen
mit Kürbisgemüse

ZUTATEN FÜR 4 PERSONEN

- 20 g getrocknete Totentrompeten
- 1 Kaninchen (ca. 1,5 kg; küchenfertig)
- 2 Zwiebeln
- 500 g Kürbisfruchtfleisch
- Salz · Pfeffer aus der Mühle
- 2 EL Mehl
- 2 EL Öl
- 1 TL Tomatenmark
- 200 ml trockener Weißwein
- 50 ml Madeira
- ¾ l Geflügelfond (aus dem Glas)
- 1 Handvoll Petersilie
- 2 angedrückte Knoblauchzehen
- 1 TL schwarze Pfefferkörner
- ½ TL Pimentkörner
- 5 Wacholderbeeren
- 1 Stück Zimtstange
- 1 Lorbeerblatt

ZUBEREITUNG // 35 min // 15 min // 1 h 35 min

1. Die Pilze etwa 15 Minuten in lauwarmem Wasser einweichen, abspülen und nach Belieben kleiner schneiden. Das Kaninchen in etwa 8 Stücke zerlegen, waschen und trocken tupfen. Die Zwiebeln schälen und in feine Würfel schneiden. Das Kürbisfruchtfleisch in etwa 3 cm große Würfel schneiden.

2. Die Kaninchenteile mit Salz und Pfeffer würzen und in Mehl wenden. Das Öl in einem großen Schmortopf oder Bräter (mit passendem Deckel) anbraten. Die Zwiebeln, den Kürbis, die Pilze und das Tomatenmark dazugeben, kurz mitbraten und mit dem Wein ablöschen. Etwas einkochen lassen, dann den Madeira und den Fond angießen und das Kaninchen zugedeckt bei schwacher Hitze etwa 1½ Stunden schmoren. Dabei gelegentlich umrühren und bei Bedarf noch etwas Fond angießen.

3. Knoblauch, Pfeffer- und Pimentkörner, Wacholderbeeren, Zimt und Lorbeerblatt in einen Einwegteebeutel füllen, verschließen und etwa 30 Minuten vor Garzeitende zum Kaninchen geben.

4. Die Petersilie waschen, trocken schütteln und fein hacken. Den Schmorfond mit Salz und Pfeffer abschmecken. Die Fleischstücke mit der Sauce auf einer vorgewärmten Platte anrichten. Dazu passen frisch gemachte Haselnussspätzle (siehe S. 159)

TIPP *Zum Kaninchen passen alle Arten von gebratenen Pilzen. Wer kein Freund von Kürbis ist, kann stattdessen auch anderes Gemüse, z.B. Knollensellerie, Petersilienwurzeln, Schwarzwurzeln oder Steckrüben mitschmoren. Und die Petersilie lässt sich ohne Weiteres auch durch Liebstöckel oder Estragon ersetzen.*

Kaninchen
aus dem Römertopf

ZUTATEN FÜR 4 PERSONEN

3 Möhren · 2 Pastinaken
1 Zwiebel · 2 Knoblauchzehen
1 Kaninchen (ca. 1,5 kg;
in 8 Stücke geschnitten)
Salz · Pfeffer aus der Mühle
100 g Speckscheiben
100 g Esskastanien (Maronen;
vorgegart und vakuumiert)
3–4 Lorbeerblätter
2 Zweige Rosmarin
150 ml Weißwein
200 ml Hühnerbrühe
2–3 EL Crème fraîche
1–2 TL gehackte Petersilie

ZUBEREITUNG // 30 min // 2 h 15 min

1. Den Römertopf samt Deckel in kaltem Wasser wässern. Möhren und Pastinaken putzen, schälen und in mundgerechte Stücke schneiden. Die Zwiebel und den Knoblauch schälen und in feine Würfel schneiden.

2. Die Kaninchenstücke waschen, trocken tupfen und mit Salz und Pfeffer würzen. Mit dem Speck belegen und mit dem Gemüse, den Esskastanien, Lorbeerblättern und gewaschenem Rosmarin in den kalten Römertopf legen, mit Wein und Brühe übergießen und den Deckel daraufsetzen.

3. Das Kaninchen in den kalten Ofen schieben, die Backofentemperatur auf 180 °C einstellen und das Fleisch etwa 2 Stunden schmoren. Den Backofen ausschalten und den Topf weitere 15 Minuten darin ruhen lassen. Den Römertopf herausnehmen, die Sauce mit Crème fraîche und Petersilie verfeinern und mit Salz und Pfeffer abschmecken. Das Kaninchen mit der Sauce servieren und nach Belieben Weißbrot dazu reichen.

Kaninchenrücken
mit Pfifferlingen

ZUTATEN FÜR 4 PERSONEN

1 Kaninchenrücken (ca. 1,6 kg)
Salz · Pfeffer aus der Mühle
2 EL Öl
4 Schalotten
4 Zweige Thymian
2 Knoblauchzehen
300 ml Wildfond (aus dem Glas)
400 g Pfifferlinge
1 Bund Petersilie
2 EL Butter
1 EL grobkörniger Senf

ZUBEREITUNG // 20 min // 50 min

1 Den Backofen auf 140 °C vorheizen. Den Kaninchenrücken waschen und trocken tupfen, mit Salz und Pfeffer würzen und in einer Pfanne im Öl anbraten. Die Schalotten schälen, halbieren und mitbraten.

2 Alles in einen Bräter geben und den Thymian und die angedrückten Knoblauchzehen hinzufügen. Den Fond angießen und den Kaninchenrücken 45 Minuten schmoren. Dabei das Fleisch ab und zu mit dem Bratenfond übergießen.

3 Inzwischen die Pfifferlinge putzen und trocken abreiben. Die Petersilie waschen und trocken schütteln, die Blätter abzupfen und fein hacken.

4 Kurz vor dem Servieren die Butter in einer Pfanne erhitzen und die Pfifferlinge darin 5 bis 6 Minuten dünsten. Die Petersilie und den Senf untermischen und die Pilze mit Salz und Pfeffer würzen. Den Kaninchenrücken mit den Pfifferlingen und den Schalotten servieren.

Dippehas
Geschmorter Hase im Topf

ZUTATEN FÜR 4 PERSONEN

6–8 küchenfertige Hasenteile (ca. 1,75 kg; z. B. Keule, Rücken)
350 g frischer Schweinebauch
3–4 Zwiebeln
2 Knoblauchzehen
Salz · Pfeffer aus der Mühle
Mehl zum Wenden
½ l Rotwein
½ l Bratenfond (aus dem Glas)
2 Lorbeerblätter
3 Gewürznelken
5 Wacholderbeeren
100 g geriebenes Schwarzbrot
1 EL schwarzes Johannisbeergelee

ZUBEREITUNG // 30 min // 1 h 35 min

1 Die Hasenteile waschen und trocken tupfen. Den fetten Teil des Schweinebauchs in sehr kleine Würfel schneiden und in einem Bräter (mit passendem Deckel) bei schwacher Hitze auslassen, herausnehmen und auf Küchenpapier abtropfen lassen. Den restlichen Schweinebauch in mundgerechte Stücke schneiden. Die Zwiebeln und den Knoblauch schälen, die Zwiebeln in feine Würfel schneiden.

2 Den Backofen auf 200 °C vorheizen. Die Hasenteile mit Salz und Pfeffer würzen und im Mehl wenden. Überschüssiges Mehl abklopfen. Die Hasenteile im verbliebenen Speckfett im Bräter portionsweise rundum anbraten, herausnehmen. Die Schweinebauchstücke, die Zwiebelwürfel und Knoblauchzehen im Bräter bei schwacher bis mittlerer Hitze anbraten.

3 Mit dem Wein ablöschen und auf ein Drittel einkochen lassen, dann den Fond angießen. Lorbeerblätter, Gewürznelken und angedrückte Wacholderbeeren in einen Einwegteebeutel füllen, mit den Hasenteilen und dem Brot in die Sauce geben. Aufkochen lassen und den Dippehas zugedeckt im Ofen auf der mittleren Schiene 1 bis 1½ Stunden schmoren.

4 Die Hasenteile und die Bauchfleischstücke aus dem Bräter nehmen und warm halten. Die Gewürze wieder entfernen. Das Johannisbeergelee in die Sauce rühren. Die Sauce unter Rühren kurz aufkochen, mit Salz und Pfeffer abschmecken und nach Belieben durch ein feines Sieb passieren. Das Fleisch wieder in die Sauce geben und mit den knusprigen Bauchfleischwürfeln bestreuen.

5 Den Dippehas mit Kartoffelklößen (siehe S. 142) und Apfelrotkohl (siehe S. 164) servieren.

GEFLÜGEL

Lorbeerhähnchen
mit Gemüse im Römertopf

ZUTATEN FÜR 4 PERSONEN

1 Hähnchen (ca. 1,2 kg; küchenfertig)
6–8 frische Lorbeerblätter
Salz · Pfeffer aus der Mühle
Paprikapulver (edelsüß)
2 Fenchelknollen
2 Zucchini
3 Frühlingszwiebeln
300 g Cocktailtomaten
ca. 350 ml trockener Weißwein

ZUBEREITUNG // 20 min // 1 h 20 min

1 Den Römertopf mit Deckel in kaltem Wasser wässern. Das Hähnchen innen und außen waschen und trocken tupfen. Die Lorbeerblätter über das Hähnchen verteilt unter die Haut schieben. Das Fleisch innen und außen kräftig mit Salz, Pfeffer und wenig Paprikapulver würzen und mit Küchengarn in Form binden (siehe S. 23).

2 Fenchel, Zucchini und Frühlingszwiebeln putzen, waschen und in Stücke schneiden. Die Tomaten waschen und halbieren. Das Gemüse im Römertopf verteilen, das Hähnchen auf das Gemüse setzen und den Wein seitlich angießen.

3 Den Römertopf zugedeckt auf die mittlere Schiene in den kalten Backofen stellen und auf 200 °C Umluft aufheizen. Das Hähnchen etwa 1 Stunde garen. Danach den Deckel abnehmen und das Hähnchen weitere 20 Minuten goldbraun fertig garen. Bei Bedarf noch etwas Wein angießen. Als Gartest die Hähnchenkeulen einstechen; der austretende Fleischsaft muss hell und klar sein. Dazu passt frisches Weißbrot.

TIPP *Es muss nicht unbedingt Lorbeer sein ... Sie können auch eine selbst gemachte Kräuterbutter oder Trüffelbutter unter die Hähnchenhaut schieben und verteilen – dann bleibt die magere Brust beim Braten schön saftig!*

Kräuterbrathendl
mit Fenchel-Gewürz-Füllung

ZUBEREITUNG // 25 min // 1 h 40 min

1. Den Backofen auf 160 °C vorheizen. Ein Ofengitter auf die untere Schiene und darunter ein Abtropfblech schieben. Das Hähnchen waschen und trocken tupfen. Die Hähnchenhaut mithilfe eines Löffelstiels vom Hals und von der Bauchhöhle her lösen und die Kräuterblätter (evtl. mit etwas Butter) unter die Haut der Brust und der Keulen schieben.

2. Das Hähnchen mit dem Gemüse und der Petersilie füllen und mit Holzspießchen verschließen. Das Hähnchen mit Butter bestreichen, mit Salz und der Gewürzmischung würzen und die Keulen mit Küchengarn fixieren (siehe S. 23). In einen Bräter setzen.

3. Die heiße Brühe angießen und das Hähnchen im Ofen 1¼ Stunden garen. Die Backofentemperatur auf 200 °C erhöhen, das Hähnchen auf das Ofengitter setzen und weitere 20 bis 25 Minuten knusprig braun braten, dabei mehrmals mit Butter bestreichen.

4. Das Kräuterbrathähnchen tranchieren und mit der Fenchelfüllung anrichten. Nach Belieben Baguette dazu servieren.

ZUTATEN FÜR 4 PERSONEN

1 Masthähnchen (ca. 1,5 kg; küchenfertig)
1 Handvoll Kräuterblätter (z. B. Petersilie, Salbei, Dill, Basilikum, Kerbel, Estragon; gewaschen und abgezupft)
je ½ kleine Zwiebel und Fenchelknolle (in Würfeln)
3 Stiele Petersilie (grob gehackt)
60–80 g zerlassene Butter
Salz
je 1 TL Fenchelsamen, schwarze Pfefferkörner und Korianderkörner (alles im Mörser grob zerstoßen)
300 ml Hühnerbrühe

ZUTATEN FÜR 4 PERSONEN

Für das Hähnchen
1 Masthähnchen (ca. 1,5 kg; küchenfertig)
Salz · Pfeffer aus der Mühle
Paprikapulver (edelsüß)
gemahlener Kümmel
3 Stiele Petersilie
3 Streifen Bio-Zitronenschale
80 g flüssige Butter

Für den Salat
100 ml Gemüsebrühe · 1 TL scharfer Senf
1–2 EL Weißweinessig
Salz · Pfeffer aus der Mühle
Zucker · 2 EL Öl
2–3 Radieschen · ½ kleine rote Zwiebel
1 kleiner Kopfsalat
2 EL gehackte Gartenkräuter

Brathähnchen
mit grünem Salat

ZUBEREITUNG // 🕐 30 min // 🍽 1 h 40 min

1. Für das Brathähnchen das Hähnchen waschen und trocken tupfen. Mit Salz, Pfeffer, Paprika und 1 Prise Kümmel würzen und mit den gewaschenen Petersilienstielen und der Zitronenschale füllen.

2. Den Backofen auf 160 °C vorheizen. Das Hähnchen auf ein Backblech legen und mit der Butter bestreichen. Im Ofen auf der untersten Schiene etwa 1¼ Stunden garen, dabei mehrmals mit Butter bestreichen. Die Temperatur auf 200 °C erhöhen und das Hähnchen weitere 20 bis 25 Minuten knusprig braten.

3. Inzwischen für den Salat die Brühe mit dem Senf, dem Essig, Salz, Pfeffer und 1 Prise Zucker verrühren, dann das Öl unterrühren.

4. Die Radieschen putzen, waschen und in Scheiben hobeln. Die Zwiebel schälen und in dünne Scheiben schneiden. Den Kopfsalat putzen, waschen und trocken schleudern. Die Blätter in mundgerechte Stücke zupfen und mit der Zwiebel, den Radieschen, den Kräutern und dem Dressing mischen.

5. Das Brathähnchen herausnehmen und tranchieren. Den grünen Salat dazu servieren.

Maispoularde
mit Pfirsichen und Schalotten

ZUTATEN FÜR 4 PERSONEN

1 Maispoularde (ca. 1,4 kg; küchenfertig)
2 Zweige Thymian
6 Zweige Rosmarin
10 frische Lorbeerblätter
Meersalz
Pfeffer aus der Mühle
3 Scheiben durchwachsener Räucherspeck
12–15 Schalotten
150 ml Hühnerbrühe
⅛ l trockener Weißwein
4 große Pfirsiche
70 g schwarze Oliven
20 g Honig

ZUBEREITUNG // 25 min // 1 h 30 min

1. Den Backofen auf 180 °C vorheizen. Die Maispoularde innen und außen gründlich waschen und trocken tupfen. Die Kräuter waschen und trocken schütteln. Die Poularde mit dem Thymian, 2 Rosmarinzweigen und 8 Lorbeerblättern füllen und kräftig mit Salz und Pfeffer würzen.

2. Die Poulardenbrust mit den Speckscheiben belegen und diese mit Küchengarn fixieren. Die Maispoularde mit der Brust nach oben in einen Bräter oder eine ofenfeste Form legen.

3. Die Schalotten schälen und mit den restlichen Rosmarinzweigen und Lorbeerblättern um die Poularde herum verteilen. Die Brühe und den Wein angießen und die Poularde im Ofen auf der mittleren Schiene etwa 1½ Stunden garen.

4. Inzwischen die Pfirsiche waschen, halbieren und entsteinen. Nach 1 Stunde Garzeit die Pfirsiche mit den Oliven in den Bräter geben, alles mit Honig beträufeln und fertig und knusprig braun garen.

5. Die Poularde zum Servieren tranchieren und die Sauce abschmecken. Mit den Schalotten, den Pfirsichen und den Oliven anrichten und mit frischem Weißbrot servieren.

TIPP *Beim Garen von ganzem Geflügel sollte man die Keulen an 2 bis 3 Stellen mit einem Messer bis zum Knochen einschneiden, denn dann werden Brust und Keule gleichmäßig gar und die Gewürze oder die Marinade können besser ins Fleisch einziehen.*

Gebratenes Perlhuhn
mit Thymiansauce

ZUTATEN FÜR 4 PERSONEN

1 junges Perlhuhn (ca. 1,3 kg)
Salz · Pfeffer aus der Mühle
3 EL zerlassene Butter
4 Scheiben durchwachsener Räucherspeck
½ Bund Thymian (gewaschen und fein gehackt)
200 ml trockener Weißwein
100 ml Geflügelfond (aus dem Glas)
6 EL Crème fraîche

ZUBEREITUNG // 25 min // 1 h 25 min

1. Den Backofen auf 225 °C vorheizen. Das Perlhuhn waschen, trocken tupfen und halbieren. Innen und außen mit Salz und Pfeffer würzen, mit Butter bestreichen und mit der Brustseite nach oben in einen Bräter legen. Mit den Speckscheiben belegen und die restliche Butter darüberträufeln. Im Ofen auf der mittleren Schiene 25 Minuten garen.

2. Ofentemperatur auf 175 °C reduzieren. Den Thymian dazugeben und weitere 45 Minuten braten. Zwischendurch öfter mit dem Bratensaft und evtl. etwas Wasser begießen. Den Speck entfernen und das Perlhuhn weitere 15 Minuten braten, aus dem Bräter nehmen und im ausgeschalteten Ofen warm halten.

3. Die Bratsauce entfetten, den Wein angießen und einkochen lassen. Dann den Fond angießen, die Crème fraîche dazugeben und die Sauce erwärmen, nicht mehr kochen. Mit Salz, Pfeffer und nach Belieben mit Thymian abschmecken. Mit einer Wildreismischung und Rucolasalat servieren.

Grillhähnchen
mit Gemüse und Zitrone

ZUTATEN FÜR 4 PERSONEN

- 2–3 Zwiebeln
- 4–5 Knoblauchzehen
- 1 Bio-Zitrone
- 3–4 Zweige Thymian
- 1 EL Olivenöl
- 600 g Kürbisfruchtfleisch (in Spalten)
- 2 rote Paprikaschoten (in Streifen)
- 2 Tomaten (geviertelt)
- Salz · Pfeffer aus der Mühle
- 1 Hähnchen (ca. 1,4 kg; küchenfertig)
- 3–4 Stiele Petersilie
- 1 TL Paprikapulver (edelsüß)
- 200 ml Hühnerbrühe

ZUBEREITUNG // 30 min // 1 h 30 min

1. Den Backofen auf 180 °C Umluft vorheizen. Zwiebeln und Knoblauch schälen und vierteln, die Zitrone waschen und halbieren. Den Thymian waschen und trocken schütteln.

2. Ein tiefes Backblech mit dem Olivenöl bestreichen und das Gemüse mit der Zitrone und dem Thymian darin verteilen. Mit Salz und Pfeffer würzen und auf der unteren Schiene in den Backofen schieben, ein Grillgitter darüber einschieben.

3. Das Hähnchen waschen, trocken tupfen und mit Salz und Pfeffer würzen. Mit der gewaschenen Petersilie füllen. Die Keulen und die Flügel mit Küchengarn fixieren. Das Hähnchen außen mit dem Paprikapulver einreiben, mit der Brustseite nach unten auf das Gitter legen und etwa 30 Minuten garen.

4. Die Brühe über das Gemüse gießen und weitere 30 Minuten garen. Das Hähnchen wenden und weitere 30 Minuten mit der Brustseite nach oben fertig braten. Das Hähnchen herausnehmen und tranchieren. Das Gemüse mit dem Schmorsud abschmecken und dazu servieren.

Putensauerbraten
mit Weintrauben

ZUTATEN FÜR 4–6 PERSONEN

2 Zwiebeln
2 Möhren
2 Stangen Staudensellerie
100 ml Vin Santo (oder Marsala; beides ital. Dessertweine)
¼ l Weißwein
200 ml Balsamico bianco
10 weiße Pfefferkörner
5 Pimentkörner
2 Lorbeerblätter
1,2 kg Putenbrust (am Stück)
3 EL Olivenöl
Meersalz · Pfeffer aus der Mühle
ca. 2 TL Zucker
1 EL Tomatenmark
300 g kernlose helle Weintrauben

ZUBEREITUNG // 1 h // 2–3 d // 1 h

1. Zwei bis drei Tage vorher die Zwiebeln schälen, die Möhren putzen und schälen und den Staudensellerie putzen und waschen. Das Gemüse in Würfel schneiden und mit Vin Santo, Wein, Essig, Pfeffer- und Pimentkörnern sowie Lorbeerblättern in einen Topf geben. ¼ l Wasser hinzufügen, alles einmal aufkochen und abkühlen lassen.

2. Die Putenbrust waschen und trocken tupfen. Die Sehnen entfernen und das Fleisch mit Küchengarn so in Form binden, dass es gleichmäßig dick ist und somit später gleichmäßig gart. In einen großen Gefrierbeutel geben, die Marinade dazugießen und den Beutel verschließen. Das Fleisch 2 bis 3 Tage kühl stellen, dabei den Gefrierbeutel ab und zu wenden.

3. Am Tag der Zubereitung das Fleisch aus der Marinade nehmen und mit Küchenpapier trocken tupfen. Die Marinade durch ein feines Sieb abgießen und beiseitestellen. Das Gemüse gut abtropfen lassen und die Gewürze entfernen.

4. Das Olivenöl in einem Schmortopf erhitzen. Das Fleisch mit Salz würzen und im Öl rundum anbraten. Dann mit Pfeffer bestreuen und herausnehmen. Das abgetropfte Gemüse in dem Topf anbraten, mit Zucker bestreuen und leicht karamellisieren. Das Tomatenmark unterrühren und kurz mitbraten. Mit etwa 400 ml Marinade ablöschen und aufkochen lassen. Das Fleisch wieder dazugeben und zugedeckt bei schwacher Hitze etwa 1 Stunde schmoren.

5. Das Fleisch aus der Sauce nehmen und etwa 10 Minuten ruhen lassen. Die Sauce durch ein Sieb abgießen, dabei das Gemüse etwas ausdrücken. Die Sauce wieder in den Topf geben und etwa 5 Minuten einkochen lassen. Nach Belieben etwas Speisestärke mit wenig kaltem Wasser glatt rühren und die Sauce durch kurzes Aufkochen damit binden. Die Sauce mit Salz, Pfeffer und Zucker abschmecken. Die Trauben waschen, abzupfen und halbieren. Zur Sauce geben und kurz erhitzen. Das Fleisch in Scheiben schneiden und mit der Sauce anrichten. Dazu passen Gnocchi oder Bandnudeln.

Putenkeule
mit Kürbisgemüse

ZUBEREITUNG // 30 min // 1 h

1. Den Backofen auf 180 °C vorheizen und ein Backblech mit Backpapier belegen. Die Putenkeulen waschen, trocken tupfen und die Haut mehrfach einritzen. Den Rosmarin waschen, trocken schütteln und die Spitzen abzupfen. Den Knoblauch schälen und in feine Würfel schneiden.

2. Knoblauch, Salz, Pfeffer, Olivenöl, Honig und Zitronensaft verrühren und die Keulen damit bestreichen. Mit dem Rosmarin spicken, auf das Backblech legen und im Ofen auf der mittleren Schiene etwa 1 Stunde garen.

3. Inzwischen den Ingwer schälen, fein hacken und mit den Kürbisspalten in einer Pfanne in der Butter anbraten. Die Brühe angießen und bei mittlerer Hitze 10 bis 15 Minuten köcheln lassen. Die Flüssigkeit sollte vollständig verdampft sein. Das Kürbisgemüse mit Salz und Pfeffer würzen und abschmecken.

4. Die Keulen herausnehmen und mit dem Kürbisgemüse anrichten. Nach Belieben ein Cranberrykompott bzw. -chutney dazu reichen.

ZUTATEN FÜR 4 PERSONEN

4 Putenkeulen (à ca. 350 g; mit Knochen)
6 Zweige Rosmarin
2 Knoblauchzehen
Meersalz
Pfeffer aus der Mühle
3 EL Olivenöl
2 EL flüssiger Honig
2 EL Zitronensaft
1 walnussgroßes Stück Ingwer
700 g Kürbisfruchtfleisch (z. B. Hokkaido; in Spalten)
2 EL Butter
ca. 150 ml Gemüsebrühe

ZUTATEN FÜR 4 PERSONEN

1 Putenbrust (ca. 600 g; mit Haut)
Salz
1–2 EL Olivenöl
2 EL Senf
grob geschroteter bunter Pfeffer
aus der Mühle

Gebratene Putenbrust
mit Senf-Pfeffer-Kruste

ZUBEREITUNG // 🕐 10 min // 🍳 35 min

1. Den Backofen auf 180 °C Umluft vorheizen. Die Putenbrust waschen, trocken tupfen und rundum kräftig mit Salz würzen. Einen kleinen Bräter bzw. eine ofenfeste Form mit dem Olivenöl einfetten und die Putenbrust mit der Hautseite nach oben hineinsetzen.

2. Die Haut der Putenbrust mit dem Senf bestreichen und mit reichlich buntem Pfeffer bestreuen.

3. Die Putenbrust im Ofen auf der mittleren Schiene etwa 35 Minuten garen, bis ein Bratenthermometer in der Mitte des Fleisches eine Kerntemperatur von 80 °C anzeigt.

4. Die gebratene Putenbrust herausnehmen, kurz ruhen lassen und in Scheiben geschnitten servieren. Zu diesem „Magerbraten" passen Kartoffelplätzchen (siehe S. 157) und eine gehaltvolle Sauce, z. B. Orangen-Thymian-Rahm: 200 ml Orangensaft und 1 EL Ahornsirup auf die Hälfte einkochen. 100 ml Geflügelfond, 200 g Sahne und 2 Thymianzweige dazugeben, kurz aufkochen und mit Salz, Pfeffer und Chiliflocken abschmecken.

Mein Lieblingsrezept für...
gebratenes Geflügel

THAI-STYLE-POULARDE AUS DEM BRATSCHLAUCH

🕒 40 min // 🔲 1 h 30 min // FÜR 4 PERSONEN

1. Eine Maispoularde (1,2–1,5 kg) innen und außen waschen und trocken tupfen. Die Keulen an zwei bis drei Stellen mit einem scharfen Messer einschneiden.

2. ½ Bund Koriander (mit Wurzeln) waschen und trocken tupfen. Die Blätter grob hacken, die Wurzeln klein schneiden. Die äußeren harten Teile vom Zitronengras entfernen, das Innere fein hacken. Korianderwurzeln, Zitronengras, 2 geschälte Knoblauchzehen, 3 EL Fischsauce, ½ TL geschroteter Pfeffer und 1 EL Palmzucker im Mörser zerstoßen und die Poularde damit einreiben.

3. Die Poularde auf einem Backblech mit 200 ml Geflügelfond in einen Bratschlauch geben, an beiden Seiten zubinden und oben mehrmals einstechen. Im Ofen auf der mittleren Schiene 1 bis 1½ Std. garen.

4. Die Poularde tranchieren und nach Belieben mit einem asiatischen Gurkensalat (siehe Tipp), Korianderblättern und Limettenspalten servieren. Dazu passt Duftreis.

TIPP *Für den Gurkensalat 4 EL Reisessig, 80 g Zucker und 80 ml Wasser aufkochen und abkühlen lassen. Mit 1 kleinen, fein gehackten Chilischote und 1 EL Fischsauce verrühren. 80 g geröstete und gesalzene Erdnüsse grob hacken und 2 Gurken quer oder der Länge nach in dünne Scheiben schneiden. Mit der Marinade und den Nüssen mischen.*

Kleiner Truthahn
klassisch gebraten

ZUTATEN FÜR 8 PERSONEN

3 Zwiebeln
1 Knoblauchzehe
100 g Knollensellerie
4 Zweige Rosmarin
6 Zweige Thymian
1 kleiner Truthahn (bzw. 1 Babypute; ca. 3,5 kg; küchenfertig)
Salz · Pfeffer aus der Mühle
30 g flüssige Butter
400 ml trockener Weißwein

ZUBEREITUNG // 15 min // 3 h 30 min

1 Den Backofen auf 160 °C Umluft vorheizen. Die Zwiebeln, den Knoblauch und den Knollensellerie schälen und in grobe Stücke schneiden. Die Kräuter waschen und trocken tupfen.

2 Den Puter innen und außen waschen und trocken tupfen. Den Puter innen mit Salz und Pfeffer würzen. Die Haut des Puters mit zerlassener Butter bestreichen und ebenfalls mit Salz und Pfeffer würzen. Mit der Brust nach unten in einen Bräter setzen, Zwiebeln, Knoblauch, Sellerie und Kräuter am Rand verteilen.

3 Den Wein seitlich angießen und den Puter im Ofen auf der unteren Schiene etwa 3 ½ Stunden garen. Dabei den Puter nach etwa 1 ½ Stunden (sobald Haut und Gemüse eine schöne Farbe haben) wenden.

TIPP *Weihnachtliches Innenleben: 300 g gewürfelten Hefezopf mit 2 Eiern, 50 g getrockneten Cranberrys, 1 TL abgeriebener Bio-Orangenschale, 1 EL gehacktem Rosmarin, ½ TL Lebkuchengewürz, Salz und Pfeffer mischen und den Truthahn damit füllen.*

Putenrollbraten
mit mediterraner Füllung

ZUTATEN FÜR 4–6 PERSONEN

1 Putenbrust (ca. 1,2 kg)
Salz · Pfeffer aus der Mühle
160 g grüne Oliven (ohne Stein)
1 EL Kapern · 3 Sardellenfilets
3–4 EL geriebener Parmesan
8 Scheiben Parmaschinken
2 Zwiebeln · 2 Knoblauchzehen
300 g Cocktailtomaten
(an der Rispe)
2 Zweige Rosmarin
4 Zweige Thymian · 1 Stiel Salbei
4 EL Öl
150 ml trockener Weißwein
300 ml Geflügelfond
2 Lorbeerblätter

ZUBEREITUNG // 40 min // 1 h 35 min

1. Die Putenbrust waschen und trocken tupfen. Der Länge nach einmal tief einschneiden, aber nicht durchschneiden. Von dieser Stelle aus das Fleisch waagerecht zu beiden Seiten hin einschneiden und die Brust zu einer Fläche aufklappen. Die Brust leicht flach klopfen und mit Salz und Pfeffer würzen.

2. Oliven, Kapern und Sardellen grob hacken und mit dem Parmesan mischen. Die Putenbrust mit Schinken belegen, mit der Olivenmasse bestreichen, aufrollen und mit Küchengarn fixieren.

3. Den Backofen auf 160 °C vorheizen. Zwiebeln und Knoblauch schälen und in feine Würfel schneiden. Die Tomaten und die Kräuter waschen und trocken tupfen.

4. In einem Bräter das Öl erhitzen und das Fleisch darin rundum anbraten, herausnehmen. Zwiebeln und Knoblauch im Bratfett andünsten, mit Wein und Fond ablöschen. Das Fleisch mit den Kräutern und den Lorbeerblättern hinzufügen und im Ofen auf der mittleren Schiene 1 bis 1½ Stunden schmoren. 20 Minuten vor Ende der Garzeit die Tomaten dazulegen.

Entenbraten
mit Esskastanien

ZUTATEN FÜR 4 PERSONEN

Für die Ente und die Sauce
2 Zweige Thymian
3 Zwiebeln
2 säuerliche Äpfel
½ TL getrockneter Beifuß
1 Bauernente (ca. 2,5 kg; küchenfertig)
Salz · Pfeffer aus der Mühle
1 Bund Suppengrün
½ l Geflügelfond
1 EL Öl · 1 EL Tomatenmark
300 ml Rotwein

Für die Esskastanien
1 Schalotte · 3 EL Butter
250 g Esskastanien (Maronen; vorgegart und geschält)
2 EL Puderzucker
je 100 ml Hühnerbrühe und Apfelsaft · Salz

ZUBEREITUNG // 50 min // 3 h 50 min

1 Für die Ente den Backofen auf 140 °C vorheizen. Den Thymian waschen, trocken schütteln und die Blätter abzupfen. Die Zwiebeln schälen, die Äpfel waschen und entkernen, beides in Würfel schneiden und mit Thymian und Beifuß mischen. Die Ente waschen, trocken tupfen, die Flügelspitzen abtrennen, grob hacken und beiseitestellen. Die Ente innen und außen mit Salz und Pfeffer einreiben. Mit der Apfel-Zwiebel-Mischung füllen. Die Öffnung mit Küchengarn zunähen.

2 Die Ente mit der Brustseite nach oben in einen Bräter legen und den erhitzten Fond angießen. Die Ente im Ofen auf der mittleren Schiene etwa 3 ½ Stunden goldbraun braten, dabei mehrfach mit dem Bratenfond übergießen.

3 Für die Sauce das Suppengrün putzen und waschen bzw. schälen und in kleine Würfel schneiden. Das Öl in einem Topf erhitzen. Die Flügelstücke und das Gemüse darin anbraten. Das Tomatenmark kurz mitrösten, mit dem Wein ablöschen und etwa 30 Minuten leicht köcheln lassen.

4 Für die Esskastanien die Schalotte schälen, in feine Würfel schneiden und in Butter andünsten. Die Kastanien dazugeben, mit Puderzucker bestäuben und karamellisieren. Mit Brühe und Apfelsaft ablöschen. Kastanien etwa 10 Minuten köcheln lassen, bis die Sauce fast eingekocht ist. Mit Salz würzen.

5 Die Ente herausnehmen und den Backofengrill einschalten. Die Ente auf dem Grillgitter (Abtropfblech unterschieben) im Ofen etwa 20 Minuten knusprig grillen.

6 Die Ente tranchieren (siehe S. 25) und die Entenstücke im ausgeschalteten Ofen warm halten. Den Entenfond aus dem Bräter entfetten, mit der Rotweinsauce durch ein Sieb in einen Topf gießen, dabei das Gemüse gut ausdrücken. Aufkochen, nach Belieben leicht binden und mit Salz und Pfeffer abschmecken. Die Ententeile mit den Kastanien und der Sauce servieren. Dazu schmeckt Apfelrotkohl (siehe S. 164).

Glasierte Ente
mit karamellisierten Zitrusfrüchten

ZUBEREITUNG // ⏱ 20 min // 🔥 2 h

1. Den Backofen auf 140 °C vorheizen. Die Ente innen und außen gründlich waschen und trocken tupfen. Die Ente längs mit einer Geflügelschere halbieren und rundum mit Salz und Pfeffer würzen.

2. Die Zitrusfrüchte heiß waschen und jeweils halbieren. Die Entenstücke mit den Zitrusfrüchten in einem großen Bräter verteilen. In einem Topf den Ingwer, 2 TL vom Ingwersirup, Honig, Sternanis und Orangensaft erwärmen und über die Entenstücke gießen. Die Ente im Ofen auf der mittleren Schiene 1½ bis 2 Stunden goldbraun braten, dabei mehrmals mit dem Bratensaft übergießen sowie die Stücke einmal wenden.

3. Kurz vor dem Servieren die Ente nochmals quer halbieren. Die Hälfte der karamellisierten Früchte ausdrücken und den Saft über die Ente träufeln. Die Sauce abschmecken und die Entenstücke mit den übrigen Zitrusfrüchten anrichten. Dazu passt Basmatireis.

ZUTATEN FÜR 4 PERSONEN

1 Ente (ca. 2 kg; küchenfertig)
Meersalz
Pfeffer aus der Mühle
1 Bio-Orange
1 Bio-Grapefruit
2 Bio-Clementinen
2 Bio-Zitronen
3–4 Stücke in Sirup eingelegter Ingwer
2 EL Honig
3 Sternanis
¼ l Orangensaft

ZUTATEN FÜR 4 PERSONEN

1 säuerlicher Apfel (z. B. Boskop; in kleinen Würfeln)
2 Zwiebeln (in feinen Würfeln)
1 TL getrockneter Majoran
1 Ente (ca. 2,5 kg; küchenfertig)
Salz · Pfeffer aus der Mühle
½ l Geflügelfond (aus dem Glas)
4 kleine rote Äpfel (z. B. Elstar)
2 EL Butter

Knusprige Ente
mit gebratenem Apfel

ZUBEREITUNG // ● 40 min // ▬ 3 h 20 min

1 Den Backofen auf 140 °C vorheizen. Boskop-, Zwiebelwürfel und Majoran mischen.

2 Die Ente waschen, trocken tupfen und innen mit Salz und Pfeffer würzen. Mit der Apfel-Zwiebel-Mischung füllen und die Öffnung mit Küchengarn zunähen.

3 Die Ente mit der Brustseite nach oben in einen Bräter legen. Den Fond angießen und im Ofen etwa 3 Stunden garen.

4 Die Ente herausnehmen und den Backofengrill einschalten. Die Ente auf dem Grillgitter (Abtropfblech unterschieben) im Ofen etwa 20 Minuten knusprig grillen.

5 Die Ente tranchieren (siehe S. 25) und warm halten. Den Bratenfond entfetten und einköcheln lassen. Die Sauce durch ein Sieb gießen und mit Salz und Pfeffer abschmecken.

6 Die kleinen Äpfel waschen, quer in etwa 1 cm dicke Scheiben schneiden und kurz in der Butter anbraten. Die Ente mit der Sauce und den Äpfeln servieren. Dazu passen Knödel.

Martinsgans
mit Apfel-Brötchen-Füllung

ZUTATEN FÜR 6 PERSONEN

1 Gans (3,5–4 kg; küchenfertig, mit Innereien)
Salz · Pfeffer aus der Mühle
1 TL getrockneter Beifuß
6–7 Brötchen (vom Vortag)
300 ml lauwarme Milch
1 Zwiebel
2 Äpfel (z. B. Boskop)
3 EL Butter
2 EL gehackte Petersilie
2 Eier · 1 Möhre
¼ Knollensellerie
½ Stange Lauch
1 Gemüsezwiebel
700 ml Entenfond (aus dem Glas)
1 EL Mehl

ZUBEREITUNG // 50 min // 3 h 50 min

1. Den Backofen auf 220 °C vorheizen. Die Gans innen und außen waschen und trocken tupfen. Innen und außen mit Salz, Pfeffer und Beifuß einreiben. Die Brötchen klein schneiden und mit der Milch übergießen. Die Zwiebel schälen und in feine Würfel schneiden. Die Äpfel vierteln, schälen, entkernen und in kleine Würfel schneiden. Die Innereien waschen, trocken tupfen und klein hacken.

2. In einer Pfanne 2 EL Butter erhitzen und die Zwiebel darin andünsten. Die Äpfel und Innereien dazugeben und 5 Minuten mitdünsten. Die Petersilie untermischen und alles mit Salz und Pfeffer würzen. Die Masse mit den Eiern zu den eingeweichten Brötchen geben, gut verkneten, erneut mit Salz und Pfeffer würzen und die Gans damit füllen. Die Gans mit Küchengarn zunähen und mit der Brust nach unten in einen Bräter legen. Etwas 400 ml Wasser angießen und die Gans im Ofen auf der untersten Schiene etwa 50 Minuten garen.

3. Das Gemüse und die Zwiebel schälen, bzw. putzen und waschen und in Würfel schneiden. Das Gemüse nach 50 Minuten in den Bräter geben, Farbe annehmen lassen und mit der Hälfte des Entenfonds begießen. Die Backofentemperatur auf 200 °C reduzieren, die Gans wenden und weitere 2 ½ bis 3 Stunden garen. Dabei ab und zu mit dem restlichen Fond begießen.

4. Die fertige Gans aus dem Ofen nehmen, auf eine Platte setzen und zugedeckt kurz ruhen lassen. Inzwischen den Bratenfond entfetten und den Fond durch ein Sieb in einen Topf passieren, dabei das Gemüse gut ausdrücken. Den Fond zum Kochen bringen. Das Mehl mit der restlichen Butter verkneten und den Bratenfond damit binden. Die Sauce mit Salz und Pfeffer abschmecken. Die Gans tranchieren (siehe S. 25) und mit der Füllung anrichten. Die Sauce separat dazu servieren. Dazu schmecken Kartoffelknödel aus gekochten Kartoffeln (siehe S. 145) und mit Preiselbeeren oder Cranberrys gefüllte Bratäpfel.

Gebratene Gänsekeulen
im Speckmantel

ZUBEREITUNG // 🕐 10 min // 🗓 2 h 45 min

1. Die Gänsekeulen waschen und trocken tupfen. Die Brühe in einem Topf zum Kochen bringen, die Keulen dazugeben und bei schwacher Hitze 2 Stunden vorgaren.

2. Den Backofen auf 160 °C Umluft vorheizen. Ein Backblech mit Backpapier belegen. Den Thymian waschen, trocken schütteln und die Blättchen abzupfen. Die Keulen herausnehmen und abtropfen lassen. Rundum mit der Butter bestreichen und mit Salz und Pfeffer würzen.

3. Die Gänsekeulen auf das Backblech legen und den Thymian und die Lorbeerblätter darüber verteilen. Die Speckscheiben über die Keulen legen und die Gänsekeulen im Ofen auf der mittleren Schiene etwa 45 Minuten garen, bis sich die Keulen leicht einstechen lassen.

4. Die Keulen herausnehmen und mit Kartoffelpüree (siehe S. 161) und einem knackigen grünen Salat servieren.

ZUTATEN FÜR 4 PERSONEN

4 Gänsekeulen (à ca. 400 g)
ca. 2 l Hühnerbrühe
5 Zweige Thymian
30 g zerlassene Butter
Salz · Pfeffer aus der Mühle
4 Lorbeerblätter
160 g Frühstücksspeck (in Scheiben)

ZUTATEN FÜR 4 PERSONEN

2 Zwiebeln · 1 Möhre
120 g Knollensellerie · ¼ Apfel
1 EL Puderzucker
1 EL Tomatenmark · ¼ l Rotwein
½ l Hühnerbrühe · 1 EL Öl
4 Gänsekeulen (à 450–500 g)
2 EL zerlassene Butter · Salz
1 Lorbeerblatt · 5 Pimentkörner
½ TL schwarze Pfefferkörner
2 cl Rum · 12 Dörrpflaumen
1 halbierte Knoblauchzehe
je 1 Streifen Bio-Zitronen- und
Orangenschale
Pfeffer aus der Mühle
getrockneter Majoran

Pommersche Gänsekeulen
mit Dörrpflaumen

ZUBEREITUNG // 🕐 35 min // 🍽 3 h 30 min

1. Geschältes Gemüse und entkernten Apfel in kleine Würfel schneiden. Den Puderzucker in einem Topf karamellisieren, das Tomatenmark unterrühren und kurz anrösten. Mit dem Wein ablöschen, sämig einkochen lassen, dann die Brühe angießen.

2. Den Backofen auf 150 °C vorheizen. Gemüse und Apfel in Öl andünsten und mit der Brühe auf einem tiefen Backblech verteilen.

3. Die Gänsekeulen mit Butter bestreichen, salzen und mit der Hautseite nach oben auf das Gemüse setzen. Im Ofen auf der mittleren Schiene etwa 3 ½ Stunden schmoren. Nach 2 Stunden die Gewürze zur Sauce geben.

4. 100 ml Wasser aufkochen, den Rum und die Dörrpflaumen dazugeben und beiseitestellen.

5. Die Keulen herausnehmen. Die Sauce durch ein Sieb gießen, dabei das Gemüse durchstreichen. Die Dörrpflaumen samt Flüssigkeit unterrühren. Knoblauch und Zitrusschalen kurz darin ziehen lassen. Die Sauce mit Salz, Pfeffer und 1 Prise Majoran abschmecken und zu den Keulen servieren. Dazu passen Kartoffel-, Semmel- oder Brezenknödel.

BEILAGEN

Kartoffelklöße
aus rohen Kartoffeln

ZUTATEN FÜR 4 PERSONEN

2 kg mehligkochende Kartoffeln
Salz
1 EL Essig

ZUBEREITUNG // 🕐 40 min // 🔥 20 min

1. Für die rohen Kartoffelklöße 500 g Kartoffeln abwiegen und diese in der Schale in kochendem Salzwasser etwa 20 Minuten weich garen.

2. Inzwischen in einer Schüssel 1 l Wasser mit dem Essig mischen. Die restlichen Kartoffeln schälen, waschen und auf der Gemüsereibe in das Essigwasser reiben. Die geriebenen Kartoffeln in einem Leinensäckchen („Kartoffelsäckchen") oder Küchentuch sehr fest auspressen, dabei das Kartoffelwasser auffangen und die Stärke sich absetzen lassen.

3. Die Kartoffeln abgießen, kurz ausdampfen lassen, pellen und noch heiß durch die Kartoffelpresse zu den rohen, geriebenen Kartoffeln in eine Schüssel pressen. Das Kartoffelpresswasser abgießen und die abgesetzte Stärke zu den Kartoffeln geben.

4. In einem großen Topf reichlich Salzwasser zum Sieden bringen. Die Kartoffelmasse mit Salz würzen und alles zu einem geschmeidigen Teig verarbeiten. Aus dem Kartoffelteig sofort mit angefeuchteten Händen Klöße formen und im siedenden Salzwasser etwa 20 Minuten gar ziehen lassen. Die Klöße mit dem Schaumlöffel herausnehmen und gut abtropfen lassen.

TIPP *Für fränkische Kartoffelklöße 1 Brötchen vom Vortag in kleine Würfel schneiden und in einer Pfanne in 25 g zerlassener Butter rundum anrösten. Den Kloßteig wie beschrieben herstellen, portionsweise flach drücken, mit ein paar Brotwürfelchen belegen und zu glatten Klößen formen und wie beschrieben garen.*

Kartoffelknödel
halb und halb

ZUTATEN FÜR 4 PERSONEN

3 Scheiben Toastbrot
3 EL Butter
2 TL gehackte Petersilie
2 kg mehligkochende Kartoffeln
Salz
1 TL ganzer Kümmel
4 Eigelb
2 schwach gehäufte EL Speisestärke (25–30 g)

ZUBEREITUNG // 40 min // 45 min

1. Das Toastbrot in kleine Würfel schneiden und in der Butter goldbraun rösten. Auf Küchenpapier abtropfen lassen und in einer Schüssel mit der Petersilie mischen.

2. 600 g Kartoffeln waschen und in reichlich Salzwasser mit dem Kümmel weich garen. Die Kartoffeln abgießen, möglichst heiß pellen und durch die Kartoffelpresse in eine Schüssel drücken.

3. Die restlichen Kartoffeln schälen, waschen und auf der Gemüsereibe fein reiben. Die Kartoffelraspel in einem Küchentuch fest ausdrücken, dabei das Kartoffelwasser auffangen. 10 Minuten stehen lassen, dabei setzt sich die Stärke am Boden ab. Das Wasser abgießen und die Stärke mit den Kartoffelraspeln in einer Schüssel mit durchgepressten Kartoffeln, Eigelben, Speisestärke und Salz zu einem glatten Knödelteig vermischen.

4. Daraus mit angefeuchteten Händen Knödel formen, etwas flach drücken, mit den gerösteten Toastwürfeln füllen und die Knödel rund und glatt formen. Die Kartoffelknödel in siedendem Salzwasser 20 Minuten gar ziehen lassen.

Klöße
aus gekochten Kartoffeln

ZUTATEN FÜR 4 PERSONEN

1 kg mehligkochende Kartoffeln
100 g Mehl
100 g Hartweizengrieß
Salz
frisch geriebene Muskatnuss
1 Ei

ZUBEREITUNG // 20 min // 40 min

1. Für die gekochten Kartoffelklöße die Kartoffeln in der Schale gar kochen, abgießen und noch heiß pellen.

2. Die noch heißen Kartoffeln durch die Kartoffelpresse in eine Schüssel pressen. Das Mehl, den Grieß, Salz und Muskatnuss dazugeben und mit den Händen mischen. Dann das Ei hinzufügen und alles zu einem glatten Teig verarbeiten.

3. In einem großen Topf reichlich Salzwasser zum Sieden bringen. Aus der Kartoffelmasse sofort mit angefeuchteten Händen Klöße formen und im siedenden Salzwasser etwa 20 Minuten gar ziehen lassen. Die Klöße mit dem Schaumlöffel herausnehmen, gut abtropfen lassen und sofort servieren.

Serviettenknödel
auf böhmische Art

ZUTATEN FÜR 8 PERSONEN

5 Scheiben Toastbrot
250 g Mehl
Salz · Zucker
frisch geriebene Muskatnuss
½ Würfel Hefe (21 g)
175 ml lauwarme Milch
1 Ei · 1 Eigelb
zerlassene Butter
zum Bestreichen
Mehl zum Formen

ZUBEREITUNG // 30 min // 35 min // 45 min

1. Das Toastbrot in kleine Würfel schneiden. Das Mehl mit ½ TL Salz, 1 Prise Zucker und etwas Muskatnuss in einer Schüssel mischen. Die Hefe zerbröckeln und in der lauwarmen Milch auflösen. Die Hefemischung mit dem Ei und dem Eigelb unter das Mehl rühren und alles mit dem Knethaken des Handrührgeräts zu einem glatten Teig verkneten. Die Brotwürfel untermischen und den Teig zugedeckt an einem warmen Ort etwa 20 Minuten gehen lassen.

2. Drei Stoffservietten mit Wasser leicht anfeuchten und gut mit Butter bestreichen. Den Teig mit etwas Mehl zu drei Rollen von etwa 10 cm Länge formen. Die Teigrollen jeweils auf eine Serviette legen und die Serviettenenden locker darüberschlagen. Den Teig erneut 25 Minuten gehen lassen.

3. In einem weiten oder länglichen, flachen Topf reichlich Salzwasser zum Kochen bringen. Die Teigrollen nicht zu fest in die Serviette wickeln, sodass der Teig beim Garen noch etwas aufgehen kann. Die Serviettenenden mit Küchengarn locker zubinden. Die Serviettenknödel in den Topf geben und im siedenden Wasser etwa 35 Minuten garen, dabei gelegentlich wenden.

4. Die Knödelrollen mit dem Schaumlöffel herausheben und gut abtropfen lassen. Aus der Serviette rollen und mit einem scharfen Messer in Scheiben schneiden.

TIPP *Dieser Knödel ist besonders saugfähig und deshalb ideal zu saucenreichen Gerichten wie zum Beispiel Schmorbraten, aber auch ein Klassiker zu Gulasch. Traditionell wird er mit einem über Kreuz gelegten Faden in Scheiben geschnitten.*

Serviettenknödel
und Brezenknödel

ZUBEREITUNG // 🕐 20 min // 🍳 40 min // ⏳ 30 min

1. Brötchen bzw. Brezenstangen in dünne Scheiben schneiden und in eine Schüssel geben.

2. Milch, Eier, Petersilie, Butter und Mehl dazugeben, mit Salz und Muskatnuss würzen und alles gut mischen. Den Teig 30 Minuten zugedeckt ziehen lassen.

3. Den Teig zu einem länglichen Knödel formen, in ein feuchtes Küchentuch wickeln und die Enden locker zubinden.

4. In einem weiten Topf reichlich Salzwasser zum Sieden bringen. Den Serviettenknödel in siedendem Salzwasser etwa 40 Minuten gar ziehen lassen.

5. Den Serviettenknödel herausnehmen und kurz ausdampfen lassen. Aus der Serviette wickeln und mit einem Messer bzw. mit einem überkreuzten Faden in Scheiben schneiden.

ZUTATEN FÜR 4 PERSONEN

10 Brötchen bzw. Brezenstangen (vom Vortag)
ca. 400 ml lauwarme Milch
4 Eier
3 EL gehackte Petersilie
20 g zerlassene Butter
1–2 EL Mehl
Salz
frisch geriebene Muskatnuss

ZUTATEN FÜR 4 PERSONEN

10 Brötchen (Semmeln; vom Vortag)
oder 500 g Knödelbrot
Salz
ca. 400 ml Milch
1 kleine Zwiebel
2 EL Butter
2 EL gehackte Petersilie
3 Eier

Semmelknödel
auf bayerische Art

ZUBEREITUNG // 25 min // 20 min // 30 min

1. Die Brötchen in feine Scheiben schneiden, in eine große Schussel geben und mit Salz würzen. Die Milch in einem Topf erhitzen, über die Brötchenscheiben gießen und etwa 30 Minuten zugedeckt ziehen lassen.

2. Inzwischen die Zwiebel schälen und in feine Würfel schneiden. In einer kleinen Pfanne die Butter zerlassen und die Zwiebel darin andünsten. Die Petersilie dazugeben, kurz mitdünsten und die Pfanne beiseitestellen.

3. Zwiebel und Petersilie mit den Eiern zu den eingeweichten Brötchen geben und alles zu einem geschmeidigen Teig verkneten.

4. In einem weiten Topf reichlich Salzwasser zum Sieden bringen. Aus der Knödelmasse mit angefeuchteten Händen 12 Knödel formen und im siedenen Salzwasser 20 Minuten gar ziehen lassen.

5. Die Semmelknödel mit dem Schaumlöffel herausnehmen und abtropfen lassen.

Herzoginkartoffeln
und Kroketten

ZUTATEN FÜR 4 PERSONEN

Für die Herzoginkartoffeln
1 kg mehligkochende Kartoffeln
Salz
2 EL Butter
4 Eigelb
frisch geriebene Muskatnuss
2 EL Milch

Für die Kroketten
1 kg mehligkochende Kartoffeln
Salz
4 Eigelb
frisch geriebene Muskatnuss
Mehl zum Wenden
2 Eier
Semmelbrösel zum Wenden
1 kg Frittierfett

ZUBEREITUNG // 20 min // 25 bzw. 35 min

1. Für die Herzoginkartoffeln die Kartoffeln schälen, waschen und in einem Topf in Salzwasser etwa 20 Minuten weich garen. Die Kartoffeln abgießen, kurz ausdampfen lassen. Die Kartoffeln noch heiß durch die Kartoffelpresse in eine Schüssel drücken. Die Butter und 3 Eigelbe unterrühren und mit Salz und Muskatnuss würzen.

2. Den Backofen auf 200 °C vorheizen und ein Backblech mit Backpapier belegen. Die Kartoffelmasse in einen Spritzbeutel mit Sterntülle füllen und etwa 24 Herzoginkartoffeln mit etwas Abstand auf das Backblech spritzen.

3. Das restliche Eigelb mit der Milch verrühren und die Herzoginkartoffeln mit einem Küchenpinsel vorsichtig damit bestreichen. Die Herzoginkartoffeln im Ofen auf der mittleren Schiene 10 bis 12 Minuten backen.

4. Für Kroketten 1 kg mehligkochende Kartoffeln wie oben beschrieben garen und noch heiß durch die Kartoffelpresse in eine Schüssel drücken. 4 Eigelbe unterrühren und den Kartoffelteig mit Salz und Muskatnuss würzen. Aus der Kartoffelmasse kleine dicke Rollen (3 cm lang, etwa 1½ cm Ø) formen. Diese zuerst in Mehl, dann in 2 verquirlten Eiern und zum Schluss in Semmelbröseln wenden. Die Kroketten in heißem Frittierfett portionsweise 3 bis 4 Minuten goldbraun backen. Herausnehmen und auf Küchenpapier abtropfen lassen.

Mein Lieblingsrezept für...
eine Beilage aus Kartoffeln

KARTOFFELSCHMARRN MIT PFIFFERLINGEN

⏱ 40 min // 🍳 40 min // FÜR 4 PERSONEN

1. 500 g frisch gegarte mehligkochende Kartoffeln noch heiß durch die Kartoffelpresse in eine Schüssel drücken.

2. 50 g Mehl, 50 g Speisestärke, 200 ml Milch und 4 Eigelbe unter das Kartoffelpüree mischen. 4 steif geschlagene Eiweiße unterheben. Mit Salz, Pfeffer und Muskatnuss würzen.

3. In einer ofenfesten, beschichteten Pfanne 1 EL Butter erhitzen. Die Kartoffelmasse einfüllen und im Ofen auf der mittleren Schiene bei 190 °C 15 bis 20 Minuten backen.

4. In einer Pfanne 1 EL Butter erhitzen und 2 gewürfelte Schalotten darin andünsten. 400 g geputzte und klein geschnittene Pfifferlinge dazugeben und 5 bis 6 Minuten braten. 2 EL gehackte Petersilie untermischen und mit Salz, Pfeffer und ½ TL abgeriebener Bio-Zitronenschale würzen.

5. Den Kartoffelschmarrn herausnehmen, mit zwei Pfannenwendern grob in Stücke zupfen und mit den Pfifferlingen mischen.

Kartoffelgratin
mit Käsekruste

ZUTATEN FÜR 4 PERSONEN

1 Knoblauchzehe
1 EL Butter
400 g Sahne
12 Scheiben Ingwer
1 Streifen Bio-Zitronenschale
1 Zweig Thymian
Salz · Pfeffer aus der Mühle
frisch geriebene Muskatnuss
1 kg mehligkochende Kartoffeln
100 g geriebener Emmentaler

ZUBEREITUNG // 🕐 30 min // 🍳 45 min

1. Den Backofen auf 180 °C vorheizen. Den Knoblauch schälen und halbieren. Eine ofenfeste Form mit dem Knoblauch ausreiben und anschließend mit der Butter einfetten.

2. Die Sahne in einem Topf aufkochen und vom Herd nehmen. Knoblauch, Ingwer, Zitronenschale und Thymian zur Sahne geben, 5 Minuten darin ziehen lassen und wieder entfernen. Die Sahne mit Salz, Pfeffer und Muskatnuss würzen.

3. Die Kartoffeln schälen, waschen und auf einem Gemüsehobel in 2 mm dicke Scheiben hobeln. Die Kartoffelscheiben mit der Sahne mischen und in die Form füllen. Den geriebenen Käse darüberstreuen.

4. Das Kartoffelgratin im Ofen auf der mittleren Schiene etwa 40 Minuten goldbraun backen. Evtl. gegen Ende der Garzeit mit Alufolie abdecken, falls es zu dunkel wird.

5. Für ein Kartoffel-Gemüse-Gratin kann man etwa die Hälfte der Kartoffeln durch Auberginen-, Zucchinischeiben oder Kürbisspalten ersetzen.

TIPP *Das Kartoffelgratin schmeckt einen Tick würziger, wenn man zusätzlich etwas getrockneten Oregano unter die Sahne mischt und zum Überbacken statt Emmentaler einen würzigen Bergkäse, z.B. Appenzeller oder Greyerzer, verwendet. Wer gerne Gemüse, wie Möhren oder Zucchini, unter das Gratin mischen möchte, sollte 2–3 Eier zur Sahnemischung geben, damit der Auflauf beim Garen stockt.*

Fingernudeln
oder Schupfnudeln

ZUTATEN FÜR 4 PERSONEN

600 g mehligkochende Kartoffeln
Salz
2 EL Butter
2 Eigelb
60 g Wiener Grießler (doppelgriffiges Mehl)
60 g Speisestärke
frisch geriebene Muskatnuss
Mehl für die Arbeitsfläche
1–2 EL Öl
2 EL Butter
Pfeffer aus der Mühle

ZUBEREITUNG // 30 min // 40 min // 30 min

1. Die Kartoffeln waschen und in Salzwasser etwa 20 Minuten weich garen. Abgießen, möglichst heiß pellen, durch die Kartoffelpresse drücken und 30 Minuten abkühlen lassen.

2. 500 g durchgedrückte Kartoffeln abwiegen und mit der Butter und den Eigelben mischen. Das Mehl und die Speisestärke auf die Kartoffelmasse sieben und locker unterkneten. Den Fingernudelteig mit Salz und Muskatnuss würzen.

3. Den Teig dritteln und jedes Teigstück auf der bemehlten Arbeitsfläche zu Rollen von etwa 1 ½ cm Durchmesser formen. Die Rollen in etwa 3 cm lange Stücke schneiden und diese zu etwa 7 cm langen, an den Enden spitz zulaufenden Rollen formen.

4. Die Fingernudeln in siedendem Salzwasser ziehen lassen, bis sie an die Oberfläche steigen. Mit dem Schaumlöffel herausnehmen und auf Küchenpapier abtropfen lassen. Öl und Butter in einer Pfanne erhitzen und die Fingernudeln darin bei mittlerer Hitze rundherum goldbraun anbraten. Mit Salz und Pfeffer würzen.

Kartoffelplätzchen
aus der Pfanne

ZUTATEN FÜR 4 PERSONEN

750 g mehligkochende Kartoffeln
Salz
3 EL Hartweizengrieß
3 Eigelb
frisch geriebene Muskatnuss
Mehl zum Verarbeiten
Butterschmalz zum Braten

ZUBEREITUNG // 20 min // 30 min

1 Die Kartoffeln waschen und mit der Schale in kochendem Salzwasser etwa 20 Minuten weich garen. Die Kartoffeln in ein Sieb abgießen, kalt abschrecken und noch heiß pellen.

2 Die Kartoffeln durch die Kartoffelpresse in eine Schüssel drücken. Den Grieß und die Eigelbe unterrühren und mit Salz und Muskatnuss würzen. Zu einem homogenen Teig verarbeiten.

3 Aus dem Teig mit bemehlten Händen eine Rolle (etwa 4 cm Durchmesser) formen und diese in gut 1 cm dicke Scheiben schneiden.

4 In zwei weiten Pfannen reichlich Butterschmalz erhitzen und die Kartoffelplätzchen darin bei mittlerer Hitze auf beiden Seiten knusprig braun braten.

Hausgemachte Spätzle
Grundrezept mit Variationen

ZUTATEN FÜR 4 PERSONEN

500 g doppelgriffiges Mehl (Wiener Grießler oder Spätzlemehl)
6 Eier
Salz

ZUBEREITUNG // 30 min

1. Das Mehl mit den Eiern und 1 TL Salz in einer Schüssel mit den Knethaken des Handrührgeräts zu einem glatten, zähflüssigen Teig verarbeiten, dabei gegebenenfalls noch etwas kaltes Wasser hinzufügen. Den Teig so lange kneten, bis er Blasen wirft.

2. In einem großen Topf 2 bis 3 l Salzwasser zum Kochen bringen. Den Spätzlehobel bzw. die Spätzlepresse kurz in das Wasser tauchen, den Teig portionsweise einfüllen und die Spätzle in das siedende Wasser hobeln bzw. pressen.

3. Wenn die Spätzle an die Oberfläche steigen, einmal kurz aufkochen lassen. Mit dem Schaumlöffel herausheben, kalt abschrecken und abtropfen lassen. Mit dem restlichen Teig ebenso verfahren.

4. Diesen Spätzle-Grundteig können Sie mit 2–3 EL feinen Schnittlauchröllchen, 2 EL gemahlenem Mohn bzw. Haselnüssen oder mit 1 TL fein abgeriebener Zitronenschale und 1 TL Chiliflocken variieren.

TIPP *Die Spätzle kurz vor dem Servieren in einem Topf in wenig heißem Wasser oder Brühe bzw. in einer weiten Pfanne in zerlassener Butter oder einer Mischung aus Öl und Butter schwenken und dabei wieder erwärmen.*

Selleriepüree
und Kürbispüree

ZUBEREITUNG // 20 min // 1 h

1. Für das Selleriepüree den Sellerie putzen, schälen und würfeln. Sahne mit etwas Salz erhitzen und den Sellerie darin zugedeckt 20 Minuten garen. Den Sellerie mit dem Kochsud in einen hohen Rührbecher geben und mit dem Stabmixer nicht zu fein pürieren. Die Butter unterrühren und mit Salz und Muskatnuss abschmecken.

2. Für das Kürbispüree den Backofen auf 200 °C vorheizen. Den Kürbis vierteln, entkernen, schälen und in 2 cm große Würfel schneiden. Die Kürbiswürfel mit Knoblauch, Zitrusschalen, Ingwer und Thymian in eine ofenfeste Form geben und mit etwas Salz würzen. Die Form mit Alufolie verschließen und den Kürbis im Ofen auf der mittleren Schiene 1 Stunde weich garen. Herausnehmen und die ganzen Gewürze entfernen.

3. Das Kürbisfruchtfleisch in einem sauberen Küchentuch kräftig ausdrücken, sodass es auf die Hälfte seines Volumens reduziert wird. Das Kürbisfleisch im Küchenmixer pürieren, die heiße Sahne, das Currypulver und die Butter unterrühren und mit Salz würzen.

ZUTATEN FÜR 4 PERSONEN

Für das Selleriepüree
350 g Knollensellerie
100 g Sahne
Salz
50 g Butter
frisch geriebene Muskatnuss

Für das Kürbispüree
1 kg Muskatkürbis
1 Knoblauchzehe (geschält und halbiert)
je 1 Streifen Bio-Zitronen- und Orangenschale
2 Scheiben Ingwer
2 Zweige Thymian
Salz · 70 g Sahne
½ TL Currypulver
1–2 EL Butter

ZUTATEN FÜR 4 PERSONEN

1 kg mehligkochende Kartoffeln
Salz
½ TL ganzer Kümmel
¼ l Milch
50 g Butter
frisch geriebene Muskatnuss

Kartoffelpüree
mit Variationen

ZUBEREITUNG // ⏱ 20 min // 🍳 20 min

1. Die Kartoffeln waschen und in reichlich Salzwasser mit dem Kümmel etwa 20 Minuten weich garen. Die Kartoffeln in ein Sieb abgießen, kalt abschrecken und kurz ausdampfen lassen.

2. Die Kartoffeln möglichst heiß pellen und durch die Kartoffelpresse zurück in den Topf oder in eine Schüssel drücken.

3. Die Milch erhitzen und mit einem Kochlöffel unter die durchgepressten Kartoffeln rühren, dann die Butter untermischen und das Püree mit Salz und Muskatnuss würzen.

4. Variationen: Für Kartoffel-Zitronen-Püree die abgeriebene Schale von 1 Bio-Zitrone unter das fertige Püree rühren. Für Kartoffel-Spinat-Püree 100 g blanchierten Blattspinat unter das fertige Püree rühren. Für Kartoffel-Apfel-Püree 1 Apfel schälen, vierteln, entkernen und in kleine Würfel schneiden. Die Apfelwürfel und 2 EL Apfelmus unter das fertige Püree rühren. Für Kartoffel-Birnen-Püree 2 feste reife Birnen schälen, vierteln, entkernen und in kleine Würfel schneiden. Die Birnenwürfel unter das fertige Püree rühren.

Bayerisches Kraut
mit Quitte

ZUTATEN FÜR 4 PERSONEN

½ kleiner Weißkohl
½ Quitte
1 kleine Möhre
1 Zwiebel
1 Knoblauchzehe
1 EL Öl
1 Schuss Apfelsaft
200 ml Gemüsebrühe
Salz · Cayennepfeffer
gemahlener Kümmel
1 EL gehackte Petersilie
1 EL Butter
1 Spritzer Apfelessig

ZUBEREITUNG // 25 min // 30 min

1 Vom Weißkohl die äußeren Blätter entfernen, den Kohl halbieren und den Strunk herausschneiden. Die Quitte schälen, halbieren und das Kerngehäuse entfernen. Den Kohl und die Quitte in Rauten schneiden. Die Möhre putzen, schälen und in möglichst kleine Würfel schneiden.

2 Die Zwiebel und den Knoblauch schälen und in feine Würfel schneiden. Das Öl in einem Topf erhitzen und die Zwiebel- und die Knoblauchwürfel darin bei mittlerer Hitze andünsten. Die Kohl- und die Quittenrauten dazugeben und kurz mitdünsten. Die Möhrenwürfel dazugeben und mit dem Apfelsaft ablöschen.

3 Die Brühe angießen und das Gemüse zugedeckt 20 bis 30 Minuten weich dünsten.

4 Das bayerische Kraut mit Salz und je 1 Prise Cayennepfeffer und Kümmel würzen, die Petersilie und die Butter unterrühren und das Kraut mit Apfelessig abschmecken.

5 Variante: Für bayerisches Kraut mit Speck 100 g durchwachsenen Bauchspeck in kleine Würfel schneiden und in einer Pfanne bei mittlerer Hitze in 1 EL Öl anbraten. Die Speckwürfel herausnehmen, auf Küchenpapier abtropfen lassen und unter das gegarte Kraut mischen.

Rotkohl
mit Äpfeln

ZUTATEN FÜR 4 PERSONEN

1 Rotkohl (ca. 1 kg)
1 Zwiebel
50 g Butterschmalz
2 EL Zucker
2 EL Rotweinessig
100 ml Rotwein
1 Lorbeerblatt
1 Gewürznelke
Salz
¼ l Gemüsebrühe
2 Äpfel (in kleinen Würfeln)
1 EL Preiselbeeren (aus dem Glas)

ZUBEREITUNG // 20 min // 45 min

1 Vom Rotkohl die äußeren Blätter entfernen, den Kohl vierteln und auf dem Gemüsehobel in feine Streifen hobeln. Die Zwiebel schälen und in feine Würfel schneiden.

2 Das Butterschmalz in einem Schmortopf erhitzen und die Zwiebel darin andünsten. Mit dem Zucker bestreuen und karamellisieren. Die Rotkohlstreifen dazugeben und kurz mitdünsten. Den Essig, den Wein, das Lorbeerblatt, die Gewürznelke und etwas Salz hinzufügen und die heiße Brühe angießen. Den Rotkohl zugedeckt bei schwacher Hitze etwa 40 Minuten garen.

3 Die Apfelstückchen zum Rotkohl geben und etwa 5 Minuten mitgaren. Die Preiselbeeren untermischen und den Rotkohl abschmecken. Nach Belieben mit Speisestärke binden.

TIPP Statt Preiselbeeren kann man auch 2 EL Apfelmus oder Johannisbeergelee verwenden. Zimt oder Lebkuchengewürz geben dem Rotkohl eine weihnachtliche Note.

Grünkohl-Wirsing
mit Meerrettich

ZUTATEN FÜR 4 PERSONEN

500 g Grünkohl
500 g Wirsing
Salz
80 ml Gemüsebrühe
120 g Sahne
1 EL Sahnemeerrettich
(aus dem Glas)
Cayennepfeffer
frisch geriebene Muskatnuss
1 Msp. abgeriebene
Bio-Orangenschale

ZUBEREITUNG // 15 min // 20 min

1. Den Grünkohl von den harten Stielen zupfen und die Blätter in kleine Stücke zerteilen. Den Wirsing putzen, in einzelne Blätter teilen und die Blattrippen entfernen. Beide Kohlsorten waschen.

2. Den Grünkohl in einem Topf in Salzwasser etwa 4 Minuten bissfest blanchieren. In ein Sieb abgießen, kalt abschrecken und abtropfen lassen. Den Wirsing in Salzwasser etwa 10 Minuten kochen. In ein Sieb abgießen und kalt abschrecken. Gut abtropfen lassen und beide Kohlsorten gut ausdrücken. Die Wirsingblätter in etwa 2 cm große Stücke schneiden.

3. Grünkohl und Wirsing mit der Brühe und der Sahne in einem Topf erhitzen. Den Sahnemeerrettich hinzufügen und den Grünkohl-Wirsing mit Salz, etwas Cayennepfeffer und Muskatnuss und der Orangenschale abschmecken.

Register

B
Bayerische Schweinshaxe mit knuspriger Schwarte 62
Bayerisches Kraut mit Quitte 162
Böfflamott mit Speck 35
Brathähnchen mit grünem Salat 119
Bratenfond, dunklen, herstellen 24
Brezenknödel 148

D
Dippehas – Geschmorter Hase im Topf 112
Dunklen Bratenfond herstellen 24

E
Ente, glasierte, mit karamellisierten Zitrusfrüchten 134
Ente, knusprige, mit gebratenem Apfel 135
Ente oder Gans tranchieren 25
Entenbraten mit Esskastanien 133

F
Falscher Hase mit Fetafüllung 53
Filet Wellington – Rinderfilet im Teigmantel 38
Fingernudeln oder Schupfnudeln 156
Fränkische Kartoffelklöße 142

G
Gänsekeulen, gebratene, im Speckmantel 138
Gänsekeulen, pommersche, mit Dörrpflaumen 139
Gans oder Ente tranchieren 25
Gebratene Gänsekeulen im Speckmantel 138
Gebratene Putenbrust mit Senf-Pfeffer-Kruste 127
Gebratener Hirschrücken mit Nudeln aus Schwarzwurzeln 97

Gebratener Rehrücken im Möhren-Pilz-Mantel 101
Gebratenes Perlhuhn mit Thymiansauce 122
Geflügel
   Brathähnchen mit grünem Salat 119
   Ente, glasierte, mit karamellisierten Zitrusfrüchten 134
   Ente, knusprige, mit gebratenem Apfel 135
   Entenbraten mit Esskastanien 133
   Gänsekeulen, gebratene, im Speckmantel 138
   Gänsekeulen, pommersche, mit Dörrpflaumen 139
   Gebratene Gänsekeulen im Speckmantel 138
   Gebratene Putenbrust mit Senf-Pfeffer-Kruste 127
   Gebratenes Perlhuhn mit Thymiansauce 122
   Glasierte Ente mit karamellisierten Zitrusfrüchten 134
   Grillhähnchen mit Gemüse und Zitrone 123
   Kleiner Truthahn klassisch gebraten 130
   Knusprige Ente mit gebratenem Apfel 135
   Kräuterbrathendl mit Fenchel-Gewürz-Füllung 118
   Lorbeerhähnchen mit Gemüse im Römertopf 116
   Maispoularde mit Pfirsichen und Schalotten 121
   Martinsgans mit Apfel-Brötchen-Füllung 136
   Perlhuhn, gebratenes, mit Thymiansauce 122
   Pommersche Gänsekeulen mit Dörrpflaumen 139
   Poularde, Thai-Style, aus dem Bratschlauch 128–129
   Putenbrust, gebratene, mit Senf-Pfeffer-Kruste 127
   Putenkeule mit Kürbisgemüse 126
   Putenrollbraten mit mediterraner Füllung 131
   Putensauerbraten mit Weintrauben 124

Thai-Style-Poularde aus dem Bratschlauch 128–129
Truthahn, kleiner, klassisch gebraten 130

Geflügel in Form binden 23
Gefüllte Kalbsbrust mit Möhrengemüse 44
Geschmorte Lammkeule mit Knoblauch und Kräutern 83
Geschmorte Zickleinkeule mit Riesling-Quitten-Sauce 90
Geschmorter Hirschbraten mit Quitten 102–103
Glasierte Ente mit karamellisierten Zitrusfrüchten 134
Grillhähnchen mit Gemüse und Zitrone 123
Grünkohl Wirsing mit Meerrettich 165

H

Hackfleisch
Falscher Hase mit Fetafüllung 53
Hackbraten im Speckmantel 52
Lammhackbraten mit Pistazien 87

Hausgemachte Spätzle – Grundrezept mit Variationen 159
Herzoginkartoffeln 150
Hirsch
Gebratener Hirschrücken mit Nudeln aus Schwarzwurzeln 97
Geschmorter Hirschbraten mit Quitten 102–103
Hirschbraten, geschmorter, mit Quitten 102–103
Hirschbraten im Speckmantel 95
Hirschrücken im Salzteig mit Kiefernnadeln 96
Hirschrücken, gebratener, mit Nudeln aus Schwarzwurzeln 97

K

Kalb
Gefüllte Kalbsbrust mit Möhrengemüse 44
Kalbsbraten mit gebratenem Minigemüse 47
Kalbsbrust, gefüllte, mit Möhrengemüse 44

Kalbshaxe im Ganzen geschmort 42
Kalbsrahmbraten mit Roséwein und Salbei 46
Kalbsrollbraten mit Graupenrisotto 50
Kalbsrollbraten, mit Kräutern gefüllter 40–41
Kalbstafelspitz mit Pilz-Pfirsich-Gemüse 49
Mit Kräutern gefüllter Kalbsrollbraten 40–41
Ossobuco mit Gremolata 43

Kaninchen
Kaninchen aus dem Römertopf 110
Kaninchen mit Kürbisgemüse 109
Kaninchenrücken mit Pfifferlingen 111

Kartoffelgratin mit Käsekruste 154
Kartoffelklöße aus rohen Kartoffeln 142
Kartoffelklöße, fränkische 142
Kartoffelknödel halb und halb 144
Kartoffelplätzchen aus der Pfanne 157
Kartoffelpüree mit Variationen 161
Kartoffelschmarrn mit Pfifferlingen 152–153
Kasslerbraten mit Zwetschgen und Aprikosen 76
Kleiner Truthahn klassisch gebraten 130
Klöße aus gekochten Kartoffeln 145
Knusprige Ente mit gebratenem Apfel 135
Kraut, bayerisches, mit Quitte 162
Kräuterbrathendl mit Fenchel-Gewürz-Füllung 118
Kroketten 150
Kürbispüree 160

L

Lamm
Lammbraten in der Salzkruste 82
Lammbraten mit Minzjoghurt 80
Lammhackbraten mit Pistazien 87
Lammhaxe auf Kräuteräpfeln 86
Lammkarree mit Senf-Kräuter-Kruste 85
Lammkeule mit Harissa 88–89
Lammkeule, geschmorte, mit Knoblauch und Kräutern 83

Lorbeerhähnchen mit Gemüse im Römertopf 116

M

Maispoularde mit Pfirsichen und Schalotten 121
Martinsgans mit Apfel-Brötchen-Füllung 136
Mecklenburger Rippenbraten mit Äpfeln und Pflaumen 61
Mit Kräutern gefüllter Kalbsrollbraten 40–41

O

Ossobuco mit Gremolata 43
Osterschinken aus dem Gewürzsud 77

P

Perlhuhn, gebratenes, mit Thymiansauce 122
Pommersche Gänsekeulen mit Dörrpflaumen 139
Porchetta-Rollbraten mit Fenchelgemüse 69
Poularde, Thai-Style, aus dem Bratschlauch 128–129
Putenbrust, gebratene, mit Senf-Pfeffer-Kruste 127
Putenkeule mit Kürbisgemüse 126
Putenrollbraten mit mediterraner Füllung 131
Putensauerbraten mit Weintrauben 124

R

Reh
  Gebratener Rehrücken im Möhren-Pilz-Mantel 101
  Rehkeule mit Serviettenknödel 98
  Rehrücken mit Preiselbeersauce 100
  Rehrücken, gebratener, im Möhren-Pilz-Mantel 101

Reindlbraten mit Schmorgemüse 59
Rheinischer Sauerbraten mit Rosinen 34
Rind
  Böfflamott mit Speck 35
  Filet Wellington – Rinderfilet im Teigmantel 38
  Rheinischer Sauerbraten mit Rosinen 34
  Rinderbraten in Barolo mit cremiger Polenta 28
  Rinderbraten mit Olivenkruste 31
  Rinderbraten mit orientalischer Füllung 37
  Rinderfilet im Teigmantel – Filet Wellington 38
  Rinderfilet in Heusalzkruste 39
  Rinderschmorbraten mit Gemüse 30
  Roastbeef, rosa, mit mariniertem Gemüse 33
  Rosa Roastbeef mit mariniertem Gemüse 33
  Sauerbraten, rheinischer, mit Rosinen 34

Rollbraten füllen, aufrollen und binden 23
Rollbraten mit Salsiccia, Fenchel und Tomaten 64–65
Rosa Roastbeef mit mariniertem Gemüse 33
Rotkohl mit Äpfeln 164

S

Saucen binden 25
Sauerbraten, rheinischer, mit Rosinen 34
Schupfnudeln oder Fingernudeln 156
Schwein
  Bayerische Schweinshaxe mit knuspriger Schwarte 62
  Kasslerbraten mit Zwetschgen und Aprikosen 76
  Mecklenburger Rippenbraten mit Äpfeln und Pflaumen 61
  Osterschinken aus dem Gewürzsud 77
  Porchetta-Rollbraten mit Fenchelgemüse 69
  Reindlbraten mit Schmorgemüse 59
  Rollbraten mit Salsiccia, Fenchel und Tomaten 64–65
  Schweinebraten mit allem Drum und Dran 58
  Schweinefilet mit Apfelrahmkraut 67
  Schweinekrustenbraten mit Kartoffelknödeln und Biersauce 56
  Schweinerollbraten mit Couscous, Aprikosen und Pistazien 71

Schweinerücken mit Lardo im Salzteig 68
Schweinshaxe, bayerische, mit knuspriger Schwarte 62
Spanferkel mit karamellisiertem Rhabarber 75
Spanferkelnacken mit gebratenen Kartoffelknödeln 73
Spanferkelschulter in Rotweinsauce 72

Selleriepüree 160
Semmelknödel auf bayerische Art 149
Serviettenknödel 148
Serviettenknödel auf böhmische Art 147
Spanferkel mit karamellisiertem Rhabarber 75
Spanferkelnacken mit gebratenen Kartoffelknödeln 73
Spanferkelschulter in Rotweinsauce 72
Spätzle, hausgemachte – Grundrezept mit Variationen 159

T

Thai-Style-Poularde aus dem Bratschlauch 128–129
Truthahn, kleiner, klassisch gebraten 130

W

Wild parieren und bardieren 22
Wildschweinbraten mit Brokkoli und Kartoffelpüree 104
Wildschweinkeule mit frischem Knoblauch 106
Wildschweinschulter in dunkler Gewürzsauce 107

Z

Zickleinkeule, geschmorte, mit Riesling-Quitten-Sauce 90
Zickleinschulter mit mediterraner Füllung 91

Bildnachweis

UMSCHLAG
Eising Studio | Food Photo & Video
(Rezept Seite 40–41)

INNENTEIL
W. Cimbal: 17; S. Eising: 26–27, 32, 42, 59, 67, 92–93, 107, 118, 139, 144, 146, 155, 163, 165; Eising Studio | Food Photo & Video: 6–7, 7 (o.), 12–13, 14–15, 18–19, 24, 25 (u.), 40–41, 64–65, 90–91, 102–103, 114–115, 119, 128–129, 152–153; Kramp & Gölling: 34, 36, 39, 45, 53, 57, 60, 77, 78–79, 92, 93, 100, 101, 105, 108, 112, 122, 132, 160; B. Sporrer: 48, 58; J.-P. Westermann: 2–3, 23, 54–55, 68, 69, 87, 125
STOCKFOOD: Bauer Syndication: 30, 81; H. Bischof: 16 (u.), 22 (u.), 111; B. Bonisolli: 86; O. Brachat: 74; M. Brauner: 21 (l.), 157; N. Breen: 123; R. Vampbell: 8–9, 10–11, 16–17, 20–21, 22–23; T. Campbell: 127; P. Cassidy: 84; S. Cato-Symonds: 38; S. Eising: 135; E. Fenot: 52; Foodcollection: 94, 148; Food Experts Group: 96, 158; I. Garlic: 47; Great Stock! 134; W. Heinze: 83; JUICE Images Ltd.: 16 (o.); J. Kirchherr: 149; J. Lehmann: 106; L. Lister: 70; M. Matassa: 164; P. Medilik: 20 (o. u. u.); C. Meier: 43; M. Meridith: 130; P. Nilsson: 31; P. Rees: 145; W. Schardt: 120; M. Schinharl: 21 (r.); E. Silverman: 161; Sporrer/Skowronek: 117, 131, 151; Studio Eising | Food Photo & Video: 22 (1, 2, 3), 25 (o.), 29, 35, 46, 51, 72, 76, 82, 97, 99, 126, 137, 143, 156; TEUBNER FOODFOTO GMBH: 63; M. Urban: 73; wawrzyniak.asia: 138; M. Wissing: 110.

DIE REZEPTSYMBOLE

🕒 – Zubereitungszeit

▬ – Garzeit

⏳ – Wartezeit

❄ – Kühlzeit

💧 – Einweich-/Marinierzeit